JN223567

手島仁の「群馬学」講座

人物100話

上毛新聞社

もくじ

第2章　新島襄と遺訓を受け継いだ人々

もくじ

もくじ

第8章　大正天皇と群馬県

手島仁の「群馬学」講座

――人物100話――

上州人気質とは

「上州人気質とは」と尋ねられて、読者の皆さんはどのような回答をするだろうか。参考資料として、今から二十年以上前のものだが、読売新聞が群馬版で平成二（一九九〇）年三月三十一日に公表した県民意識調査の結果を紹介する。

せっかち▽保守的▽明るい・気前がいい▽とっつきやすい▽おおらか▽あきっぽい▽派手▽武骨―などの特徴が挙がり、「郷土で自慢できる人物を一人挙げてください」の回答では、次の人物がベストテン入りした。一位福田赳夫、二位新島襄、三位萩原朔太郎、四位中曽根康弘、五位国定忠治、六位船津伝次平、七位小渕恵三、八位新田義貞、九位関孝和、十位田山花袋。

十人とも上州人気質を徳化し、社会の発展に貢献した上州人の代表と言うべき人々であるが、内村鑑三や萩原朔太郎は、若いときには、明け透け（あす）の上州人気質が何か無教養のように思えて嫌った。しかし、二人とも晩年は「正直で仁侠に厚い上州人」であることを誇りとした。

内村の漢詩「上州人」はそのことをよく示しているが、これは後（90～91頁）に触れることにして、漢詩「上州人」と対を為して上州人気質を言い表した造語を紹介したい。

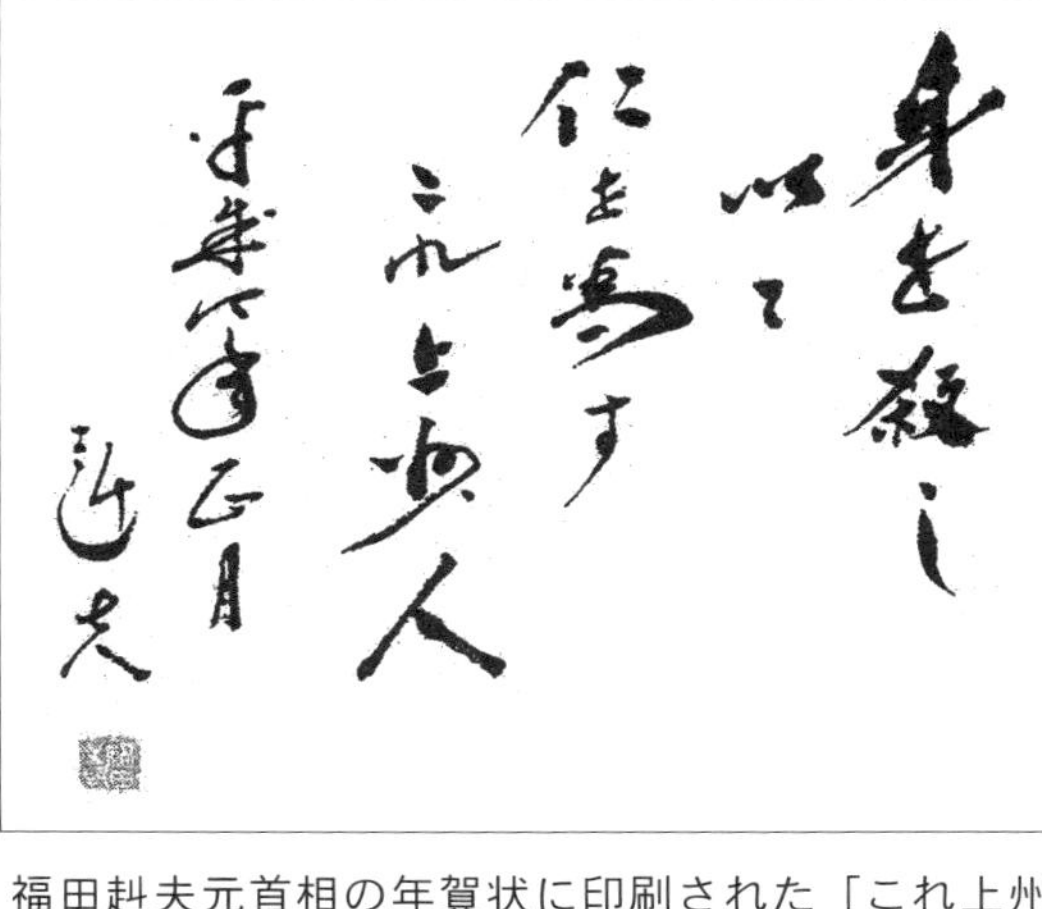

福田赳夫元首相の年賀状に印刷された「これ上州人」の直筆（上原勝氏所蔵）

それは「身を殺して以て仁を為すこれ上州人」という言葉で、内村のように漢語的教養が豊かであった福田赳夫元首相が、論語の「志士仁人は身を殺して以て仁をなすことあり」（衛霊公第十五、命がけで正しい行いを全うするという意味）をもとにつくったものである。

ところで、いま世界では「日本化」という言葉が注目されている。

長いデフレで経済が活力を失い、政治家が痛みの伴う決断を先送りして、問題を深刻にしている─そんな状況を「日本化」と呼び、欧米諸国も同じ道をたどりかねないと警告が発せられ、「日本化」回避が関心を呼んでいるのだという。

グローバル化がますます進展し、利害や価値観がぶつかり合い世界は先の見えない混沌(こんとん)とした時代に突入する。しかし、上州人の徳目である正直で任侠に厚いことは普遍的な価値観である。

福田赳夫元首相がOBサミットを主宰し、世界的諸問題の解決に情熱を注いだように、正直に命がけで正しい行いをすることが「上州人化」と呼ばれ、日本人が国際社会の中で名誉ある地位を占めるようになる日が来ることを夢見たい。

第1章

群馬の礎を築いた名県令・楫取素彦

没後100年、各地で記念行事

平成二十四（二〇一二）年は群馬県初代県令（知事）・楫取素彦の没後百年にあたり、山口県萩市（生誕地）・同県防府市（終焉地）・前橋市で記念行事が行われた。

防府市では、前年、没後百年顕彰会が発足し、墓碑顕彰標（大楽寺）を設置し、百回忌追善法要（同寺）を行った。そして、平成二十四年、『男爵楫取素彦の生涯』を刊行し記念報告会を開催した。

萩市では、前年、生誕の地である今魚店町が顕彰標を設置。平成二十四年は野村興兒市長の主唱で、企画展「楫取素彦と幕末・維新の群像」（萩博物館）を開催。楫取素彦を縁に前橋市と友好都市提携を結んだ萩市は、同年が十周年であることからリレー講演会・シンポジウムを開催。細野初男副市長が前橋市の紹介、筆者が「群馬県民の楫取素彦像」と題し講演を行い、野村萩市長が加わり、シンポジウムが行われた。

群馬県では、四月に楫取素彦顕彰会（会長・中村紀雄氏）、五月に同賛助会（会長・曽我孝之氏）が発足。両会が前橋市や群馬県、群馬県議会と連携して次の記念行事を行った。

①『楫取素彦読本』（中村紀雄氏執筆）の発行、②命日の八月十四日に楫取素彦功徳碑説明板設置、③九月十八日には、楫取家主催で百回忌法要（清光寺）、山本龍前橋市長招請で楫取

素彦及び近代前橋建設功労者子孫による午餐会（臨江閣）、楫取素彦顕彰会主催の追善式及び記念講演会（前橋テルサ）が行われた。追善式では観世流能楽師下平克宏氏が追善の舞「融」を、裏千家群馬支部長森田宗均氏が献茶・花を手向けた。講演会では楫取能彦氏（五代当主）と小田村四郎氏（曾孫）が「楫取素彦について」語った。④群馬県議会では、同日に合わせ県議会議事堂二階に「楫取素彦展示コーナー」をオープンした。

『楫取素彦伝―耕堂楫取男爵伝記』

前橋市は、十一月四日、市制百二十年・萩市との友好十周年・楫取素彦没後百年を記念し、萩市とのリレー講演会・シンポジウムを開催した（市民文化会館）。講演は道迫真吾氏「楫取素彦と吉田松陰」、県立女子大学学長濱口富士雄氏「楫取素彦功徳碑文について」で、シンポジウムは山本前橋市長、野村萩市長と高橋辰美氏（清光寺住職夫人）が加わり「楫取素彦の精神を地域づくりに生かす」をテーマに行われた。六日から十日まで特別展「楫取家の至宝」（前橋文学館）が開催された。

こうした成果を踏まえて、前橋・萩両市は平成二十六年、『楫取素彦伝―耕堂楫取男爵伝記―』を発行した。楫取素彦の初めての本格的な伝記である。

幕末維新の志士から転身

平成二十四年は一連の楫取素彦没後百年記念行事が行われ、さながら「楫取イヤー」の観があった。楫取が亡くなったのは大正元（一九一二）年八月十四日のことで、前月の七月三十日には明治天皇が崩御し「大正」と改元されたばかりであった。九月十三日には、乃木希典が夫人とともに、明治天皇の葬列が皇居を出発する号砲に合わせて、殉死した。

したがって、平成二十四年は明治天皇・楫取素彦・乃木希典夫妻の没後百年であった。ところが、不思議なことに、明治天皇と楫取素彦については没後百年の記念行事が行われたが、乃木夫妻については出身地の山口県内でも記念行事が行われた形跡がない。楫取の追悼行事が前橋市・山口県萩市・同県防府市と三カ所で行われたのは異例と言えよう。

没後百年たった今、明治天皇や乃木希典を超え、このように敬慕の記念行事が行われた楫取素彦とはいったいどのような人物であったのであろうか。また、なぜ百年後の今になって評価されているのか、この点を問題意識としながら、群馬県令時代を中心に楫取素彦について、しばらく書き続けたいと思う。

まず、簡単にその生涯を俯瞰（ふかん）してみよう。楫取素彦は文政十二（一八二九）年、長州藩医・松島家に生まれた。十二歳で儒者・小田村家の養子となった。通称は伊之助で、藩校・明倫館で教えるとともに、吉田松陰に信頼され、松下村塾の後事を託され「松門の柱石・小田村伊之助」と讃えられた。松陰の妹・寿（寿子）を妻とし、明治十四（一八八一）年寿子が亡くなると、久坂玄瑞に嫁ぎ未亡人となっていた寿子の妹・文（美和子）と再婚した。

藩主・毛利敬親の懐刀として、幕末維新の国事に奔走。九州太宰府で坂本龍馬と出会い、薩長同盟への道を開いたのも、小田村伊之助であった。慶応三（一八六七）年、楫取素彦と改名。明治新政府に「参与」として仕えたが、すぐに免官し帰郷した。その後、再び新政府に仕え、足柄県参事・熊谷県権令・同県令を経て、明治九年第二次群馬県初代県令となった。在任期間は熊谷県時代を含め十年に及び、本県の基礎を築き「名県令」と称された。

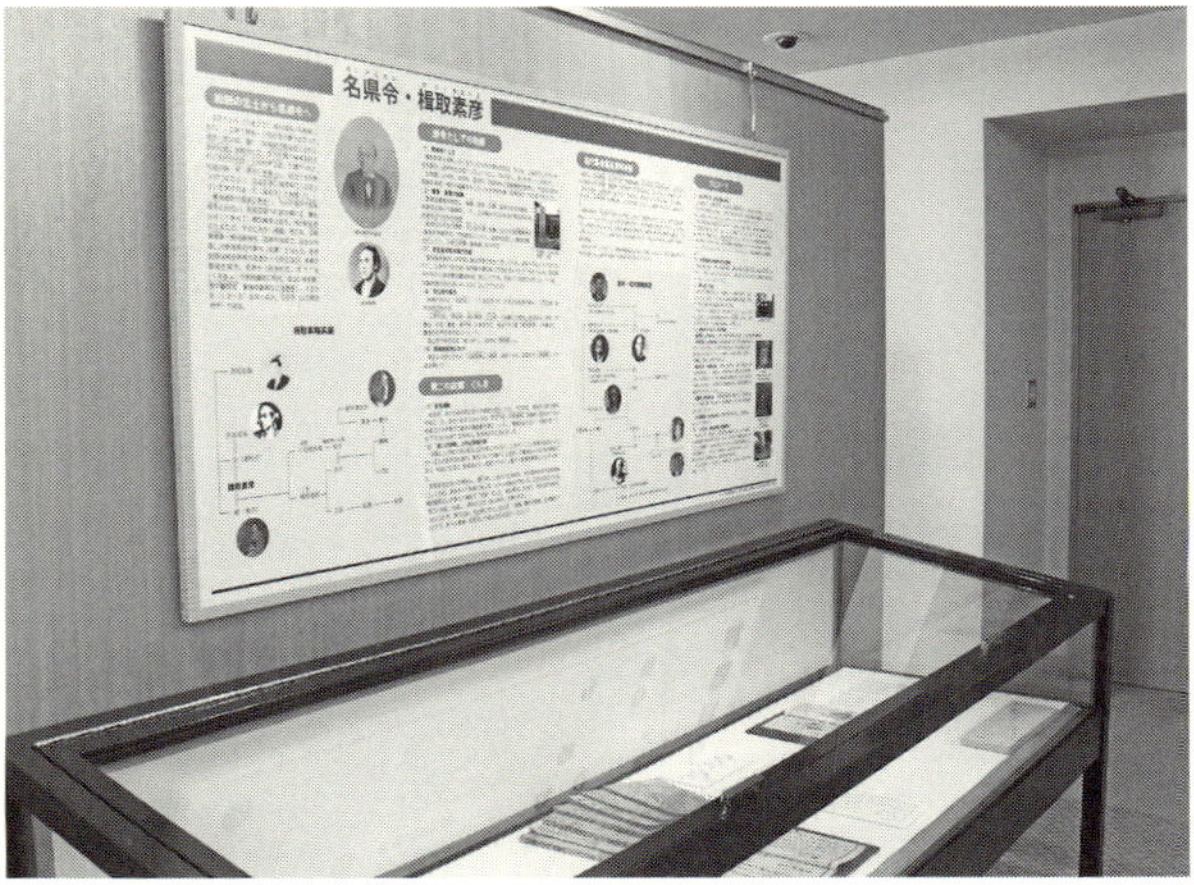

楫取の生涯をひと言で言うならば「幕末維新の志士から名県令」への転身と言えよう。明治十七年、元老院議官に転任。同二十年男爵。宮中顧問・貴族院議員などを歴任し、大正元年三田尻（防府市）で亡くなった。享年八十四歳。

楫取の足跡がたどれる群馬県議会議事堂の展示コーナー

松陰から「至誠」受け継ぐ

楫取素彦を語る時に触れておかなければならないのが吉田松陰との関係である。二人が知り合ったのは江戸藩邸勤務時代であった。楫取は帰郷後に藩校明倫館で指導するとともに、松陰の妹・寿子と結婚し義弟となったが、年齢は一歳年上であった。

しかし、二人の結婚は松陰が関わったものではなかった。江戸で結婚を知らされた松陰は「寿妹儀小田村氏へ嫁せられ候由、先々珍喜此の事御同慶仕り候」（兄・杉梅之助宛書簡）と喜び、絆はさらに深まった。寿子の下の妹・文は久坂玄瑞に嫁いだ。信頼する楫取と久坂が松陰ファミリーの一員となった。

ペリー来航に際し密航を企て失敗した松陰は、幽閉の身となり、安政三（一八五六）年三月から「松下村塾」を主宰した。二年十カ月の間に久坂玄瑞・高杉晋作・木戸孝允・伊藤博文らを育てた。ここで触れておかなければならないのは、楫取は松下村塾の門下生でなく、先生であった。

安政五年、松陰は幕府が朝廷に無断で日米修好通商条約を調印したことを批判し、再び野山獄に投ぜられた。そこで、楫取は「松下村塾の絶へるを継がん」と教育にあたった。

松陰の二度目の野山獄入は、安政五年十二月二十六日のことであった。塾生らは送別会を開いた。翌日、獄中から松陰は送別会に列席した楫取に「老兄（楫取）の気力・詩力・酒力、皆僕の当る所に非ず」と絶賛する手紙を送り、塾生には「送吾十三名／訣別曷多情／松塾當隆起／村君主義盟／贈／村塾来送諸君／寅二拝」（村塾は今まさに勢いを高めている。その盟主は村君＝楫取である）と宣告した。

　そして、翌六年、安政の大獄で江戸伝馬町獄へ送られるとき、松陰は塾生に「村塾、彝堂先生（楫取）あり、何ぞ吾が言を待たん。塾生の大眼目は唯だ先生を尊奉するあるのみ」と、松下村塾の後事を楫取に託したことを伝えた。さらに、楫取には「至誠にして動かざる者未だ之れあらざるなり／吾れ学問二十年、齢亦而立なり。然れども未だ能く斯の一語を解する能はず…」と思いを伝えた。「至誠」に始まる一節は『孟子』からとったもので、誠の心に接して感動しないものはないという意味。松陰は幕府の役人に誠の心が通じるか実践すると宣言し江戸へ向かった。

　「至誠」とは松陰から楫取へと受け継がれた精神であった。それゆえ、楫取は県令として「至誠」を以て県民に接した。

吉田松陰が塾生に残した「盟主は楫取」であるとする手紙
（萩博物館提供、楫取能彦氏所蔵）

「難治の県」から模範県に

ここでは、楫取素彦が群馬県令になった理由を探りたいと思う。

わが為には苦労はせぬが／恋し日本に苦労する。
たった一つの糸柱／それに並んで茶の柱
あぶない日本のその家に／四千万のこの民が
住まいするのを知らないか。

これは、明治二十六（一八九三）年、前田正名が高橋是清に送ったものである。このとき高橋は日本銀行西部（下関）支店長であった。後年、第二十代内閣総理大臣となるが、七回大蔵大臣をつとめ財政家として名を残した。前田は薩摩出身の経済官僚であったが、農商務大臣の陸奥宗光と衝突し、同省を辞めてからは、全国を巡歴し地方産業振興運動を推進した。「糸柱」と「茶柱」。幕末開港以来、生糸と茶がわが国の二大輸出品で、これで外貨を獲得し近代化を進めた。

楫取は新政府で参与に登用された。長州からは広沢真臣・井上馨に次ぐもので、木戸孝允・伊藤博文より早かった。しかし、在任四十日ほどで辞任し郷里へ帰り、混乱した藩政に携わったが、明治三（一八七〇）年、三隅村二条窪（長門市三隅）に隠遁する。四十二歳であった。

けれども、同五年には足柄県に出仕（しゅっし）した。足柄県は明治四年に相模国西部と伊豆国を管轄するために設置された。現在の神奈川県西部・静岡県伊豆半島・東京都伊豆諸島にあたる。同地は横浜に近く、日米和親条約で下田を開港して以来、重要な地域であった。

明治七年に楫取は熊谷県権令（ごんれい）となり、同九年には県令となった。熊谷県は明治六年に入間県（埼玉県）と群馬県を合わせて誕生した大県であった。この地域は養蚕・製糸業が盛んなうえに、狭山茶の産地であった。同茶は江戸時代中期から、現在の入間市を中心に栽培された。熊谷県は、まさに糸柱と茶柱で立っている日本の屋台骨であった。

ところが、この地域（上州と武州）は、その人情が反骨的で治めるのが難しい「難治の県」であった。糸と茶の産地であり難治県で、国家財政の基盤を確立する地租改正事業を行うのには、明治政府としては相当の人物を県令に据えなければならなかった。楫取が熊谷県令となったのは、こうした理由によるものと思われる。

『群馬県史』（昭和２年刊）の口絵を飾る楫取素彦の肖像

明治九年、熊谷県は群馬県と埼玉県に分割され、現在の県域が確立した。群馬県令には楫取、埼玉県令には白根多助が就任した。白根も有能な長州藩士であった。政府の期待に応え、二人は群馬・埼玉両県を難治県から模範県につくりあげた。

産業とインフラ整備に力

熊谷県時代を含めると、楫取素彦は群馬県令を約十年務めた。在任中は「握(にぎ)り飯草履履き」で県内をくまなく視察し、県民と苦難をともにして、本県の基礎をつくった。

楫取は、県政の治術は産業と教育と心得て、この分野に力を注いだ。蚕種・養蚕・製糸・織物の各熟練者を歴訪し、研究を奨励した。勧業は交通・治水などインフラ整備にも及んだ。明治十三（一八八〇）年、日本鉄道株式会社が中山道(なかせんどう)線（上野―高崎間）の鉄道敷設計画を発表すると、前橋までの延伸を下村善太郎とともに、井上勝鉄道局長に嘆願した。井上局長は二人の至誠に感動し、二人も大株主になることを約束して、明治十七年五月に高崎、八月に前橋間がそれぞれ開業した。近代社会において、インフラの整備なしに産業の発展があり得ないことを、楫取はよく心得ていた。

楫取は群馬県を日本一の蚕糸県に育て上げるとともに、その技術を全国に広め、群馬県の知名度（ブランド力）を上げようとした。つまり、群馬県で優れた技術を改良・発明させる。その結果、群馬県の産業が発展する。さらに、その技術を全国に伝えることで、群馬県の名声があがるとともに、日本の国益になる。楫取は前回紹介した前田正名のような国家的な使命感をもって県政を進めた。これが、楫取政治の要諦であった。

したがって、政府の方針である官営富岡製糸場（所）の廃止に反対した。明治政府が殖産興業のために始めた官営工場は経営が赤字で、国家財政を圧迫していた。そこで、政府は官営工場を民間へ払い下げることにした。大規模な設備の富岡製糸場は、当時の民間の経済力では引き受け手がなく、政府はやむなく廃止にすることを内定した。

それを聞いた楫取は、明治十四年、政府方針が大局的な見地でみると国益を損なうと、廃止に反対する意見書を農商務省に提出した。楫取の嘆願は聞き入れられ、同製糸場の存続が決まり、同製糸場は明治二十六年、三井に払い下げられた。

また、船津伝次平（ふなつでんじべい）を内務卿・大久保利通に推薦したのも楫取であった。伝次平は駒場農学校（東京大学農学部）で教鞭（きょうべん）を執ったり、全国を巡回して農事指導を行ったりして、「日本三老農の最高峰」と称されるに至った。伝次平の農事改良の精神や技術が、群馬県ばかりでなく我が国の農業の近代化に多大な貢献をした。

伝次平は中央に出ると品川弥二郎（農商務大臣などを歴任）と行動を共にする。奇（く）しくも品川は吉田松陰の門下生（松下村塾生）であった。

鉄道黎明期には利根川西岸に前橋駅があったことを示す碑（揮毫は福田赳夫元首相）＝前橋市

松陰の魂はアメリカへ

楫取県令と産業に関するエピソードを二回紹介する。まずは新井領一郎である。

領一郎は安政三（一八五六）年、水沼村（桐生市黒保根町）の星野家に生まれた。兄は初代県会副議長、衆議院議員となる長太郎である。十二歳で下田沢村（同）の新井家の養子となり、十七歳で高崎藩英学校に入学した。同級生に後年「憲政の神様」と称される尾崎行雄がいた。領一郎は尾崎がうらやむほどの美少年であった。

明治七（一八七四）年に水沼製糸所を設立した長太郎は、楫取県令の勧奨と援助で、生糸の直輸出を行おうと領一郎をアメリカに派遣した。横浜の居留地貿易では外国商人に利益を奪われてしまうからである。楫取夫人・寿子は、領一郎に兄・吉田松陰の形見の短刀を渡した。「この品には兄の魂が込められているのです。その魂は、兄の夢であった太平洋を越えることによってのみ、安らかに眠ることが出来るのです」

領一郎は寿子夫人の贈り物に驚いたが、うやうやしく拝領し、信頼に値する人間になることを誓った。領一郎が渡米したのは明治九年のことであった。事業を成功させた領一郎は、携えていた楫取の顔写真をもとに肖像画をアメリカ人画家に描かせ、お礼に贈った。楫取が肖像画を県庁で受け取ったのが明治十五年であった。

領一郎は牛場卓蔵の娘・田鶴子と結婚。米男と美代子を儲(もう)けた。美代子は明治の元勲・松方正義の息子・正熊と結婚。二人の間に生まれたハルが、駐日大使エドウィン・Ｏ・ライシャワーの夫人となった。松陰の短刀のことは、ハル・ライシャワー著『絹と武士』に詳しい。

平成二十四年九月十八日、楫取素彦没後百年の記念行事を開催するに当たり、アメリカから領一郎の曾孫(ひまご)にあたるティム新井・キャサリン夫妻をお招きした。系図的に示すとティムさんは、領一郎―米男―領蔵―ティムとなる。日系四世はアメリカ社会では極めて珍しい。ティムさんが式典で次のような挨拶(あいさつ)をされた。

米国に渡った新井が楫取に贈った肖像画
（群馬県立歴史博物館所蔵）

領一郎は生糸の商売だけでなく、様々(さまざま)な活動を行いアメリカに日本人社会を築いた。当時、日本人は蔑視されていた。どうしてアメリカ人の信用を得て活動ができたのかを考えると、楫取県令から「至誠にして動かざる者(は)未(いま)だ之(こ)れ有らざるなり」という孟子の言葉も教えられていたのではないだろうか。至誠によって、アメリカ社会の信用を得ることではないだろうか。松陰の魂は上州人・新井領一郎によってアメリカへ渡った。

養蚕技術、全国に伝える

新井領一郎の次は森山芳平である。芳平は安政元（一八五四）年、山田郡今泉村（桐生市）に生まれた。十五歳になると父・芳右衛門から織物技術の指導を受けた。桐生織物もこれまでの草木染から近代染色に改良しなければならないと染色法の研究を志した。しかし、当時、近代染色を教える機関などはなかった。

そこで、森山芳平が目を付けたのが、楫取県令の肝いりで明治九（一八七六）年、県庁前に開校した群馬県医学校であった。同校には小山健三という理化学の教師がいた。小山から化学染色術を学ぼうとした。そこで、楫取県令から芳平ら五人が聴講生として入学を許可してもらい、桐生―前橋間九里（三十三キロ）の道のりを、毎週土曜日に通った。

芳平の優れた織物技術とデザインの斬新さは、明治十六年アムステルダム万国博覧会で一等賞金牌を受賞し、世界的に証明された。同二十一年皇居御用品の窓掛け（カーテン）地の調達を命ぜられ、アメリカから鉄製ジャカードを購入し、横山嘉兵衛らと機織りの改良も進めた。

明治二十六年に開かれたコロンブス世界博覧会（アメリカ）に日本代表として大作「花卉図(はなくさず)卓被(たくひ)」（テーブルクロス）を出品し、海外に桐生織物の声価を広めた。大正天皇の即位式に桐生織物同業組合から献上した紋琥珀(こはく)洋服地も芳平の織ったものであった。

芳平の経営する森山工場には全国から門下生が集まった。その結果、福井・山形・埼玉・福島の各県で「輸出羽二重」生産が発展し、福井県が日本一の「羽二重」生産県になった。豪雪地帯で湿気のある福井県の方が群馬県より羽二重生産に適していた。

芳平は開発した「羽二重織」の技術を秘密にすることなく教えた。桐生市の織物業者や地域史研究者たちは、どうして芳平がせっかく開発した技術を惜しげもなく県外へ伝えたのか疑問に思っていた。筆者も「群馬県人はお人よし」と思っていたが、楫取素彦没後百年にあたり、あらためて楫取県令について調べてみると、これも楫取県令の影響であることを発見した。

楫取には『耕堂楫取男爵傳記（でんき）』という草稿がある（楫取能彦氏所蔵）。その中に、楫取県令は群馬県内の蚕種・養蚕・製糸・織物各分野の指導者を歴訪し、研究を奨励して群馬県を日本一の養蚕県とし、さらにその技術を全国に広め、群馬県の名声（知名度）を上げようとしたと書いてある。森山ら桐生織物の先人らも、楫取県令の方針に従って先端技術を全国に伝えたのであった。

森山芳平の肖像画（森山亨氏蔵）

教育・文化財保護に尽力

気性が荒く反骨的な上州人を近代国家を支える模範的な国民にするために、楫取県令は教育に力を入れた。義務教育を理解していなかった当時の県民を説得し、有力者には資金を出させ小学校を建設した。小学校の開校式には出席し、創立を祝福し学校名を見事な筆致で書き上げた。現在も藤岡第一小学校・桐生北小学校・同南小学校などに書が残る。

その結果、就学率は全国トップレベルとなり、「西の岡山、東の群馬」と並称された。また、楫取県令が県職員・木戸鱗(りん)に編纂(へんさん)を命じた小学生用教科書『修身説約』は全国で使われた。幼稚園、中学校、女学校、医学校、師範学校と県立の教育機関も整備し、先進的な教育環境を実現し、全国屈指の教育県となった。

関宿藩士（千葉県野田市）であった鈴木由哲は、千葉県と群馬県の県庁職員の試験に合格し、群馬県の職員になる道を選んだ。理由は群馬県が教育県であったからである。鈴木には長男・貫太郎、二男・孝雄がいた。

鈴木は二人の教育のために群馬県にやってきた。兄弟は厩橋小学校（桃井小学校）から群馬県中学校（県立前橋高校）に進み、貫太郎は海軍兵学校を、孝雄は陸軍士官学校を経て、それぞれ海軍大将、陸軍大将にまで昇進した。貫太郎は昭和天皇の侍従長などを歴任し、終戦時の

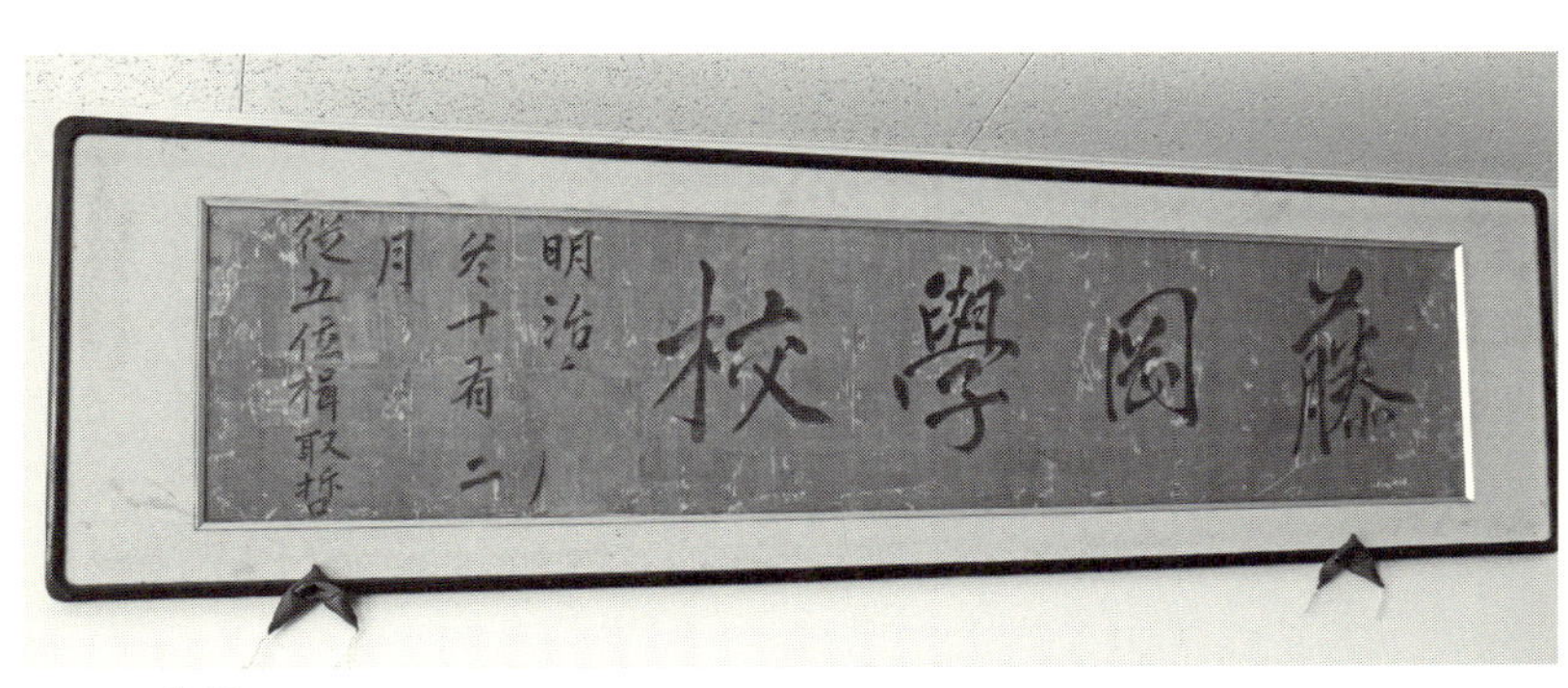

楫取が揮毫した「藤岡学校」の額＝藤岡第一小学校

内閣総理大臣となった。

　また、楫取県令は群馬県が古代に「毛野国」として栄えていたことを示す史跡である古墳の保存を呼び掛けた。さらに「上野三碑」（多胡碑・金井澤碑・山上碑）の保護にも努め、多胡碑は「碑亭」を建設。多胡碑の拓本を中国人書家・楊守敬に与え、碑文がその著『楷法遡源』に登載され、多胡碑は書道的名声を博するに至った。加えて、勤皇家・高山彦九郎を敬愛し、「高山神社」（太田市）を創建した。楫取県令の文化財保護行政も、群馬県人に誇りと郷土愛を持たせるためであった。

　楫取県令は高山彦九郎のほか新田義貞、大谷休泊（開墾事業家）、杉木茂左衛門（義人）、塩原太助や、同時代人では堀口藍園（渋川郷学の指導者）、田島彌平（養蚕家）、宮崎有敬（初代県会議長）ら多くの上州人を尊敬した。

　碓氷社頭取・萩原音吉（安中市）、大谷休泊（館林市つつじが丘公園）、堀口藍園（渋川市）、宮崎有敬（前橋市高浜公園）らの碑が建立されると、篆額・撰文などに筆を執った。

成績優秀者　国家的に活躍

楫取県令の教育に関するエピソードを紹介したい。

当時の小学校は、学年ごとに進級試験があり、昇級（卒業）試験があった。進級試験では成績が良いと連級試験（飛び級）ができた。また「比較試験」があり、郡や近隣郡単位で小学校の成績優秀者を一カ所に集め、学力試験をして優劣を競った。毎年一回実施され、成績優秀者には賞品が授与された。

楫取県令は比較試験に熱心で、会場に臨席した。楫取県令から成績優秀で賞品を授与された人物を三人紹介しよう。

日露戦争を前に青森県八甲田山で雪中行軍が決行された。神成文吉大尉が率いる青森第五連隊は、判断を誤り二百十人中百九十九人が凍死した。しかし、福島泰蔵大尉が率いた弘前第三十一連隊は全員が下山した。福島は日露戦争で戦死し後世に余り伝えられていないが、新田郡平塚村（伊勢崎市境町）生まれで、楫取県令から賞品を授与された。

勢多郡力丸村（前橋市力丸町）生まれの峯岸米造（みねぎしよねぞう）もその一人であった。峯岸は四歳八カ月で小学校に入学。飛び級をして上等小学校を終業し、明治十七（一八八四）年、小学校教員検定試験に合格、翌年十六歳で桐生西小学校長となった。その後、群馬県尋常師範学校へ編入、同二十四年知事の推薦で東京高等師範学校に入学した。

東京府尋常師範学校教諭となったが、群馬県尋常中学校長・沢柳政太郎に招かれ、弱冠二十八歳で群馬分校（県立高崎高校）主任となった。分校主任と言っても実質的には校長で、卓抜な運営手腕により同校の基礎をつくり、東京高等師範学校教諭となった。嘉納治五郎校長の信頼が厚く、「高師の峯岸か峯岸の高師か」と言われ、専門の歴史教育では中等学校・師範学校・高等女学校用教科書の編纂は五十冊以上を超えた。

比較試験で常に峯岸のライバルとなったのが、勢多郡箕井村（前橋市箕井町）生まれの小屋保治であった。小屋は東京帝国大学哲学科へと進み、大学院時代には岡倉天心に師事。ヨーロッパに留学し美学を学び、東大に初の美学講座を設置し、日本美学の創始者となった。東京控訴院長・大塚正男の長女・楠緒子と結婚し、大塚保治となった。楠緒子の死に対して夏目漱石が「ある程の菊投げ入れよ棺の中」と追悼句を詠んだことは有名である。

峯岸米造の肖像画（県立歴史博物館蔵、峯岸典雄氏寄贈）

楫取県令から賞品を授与された成績優秀者を調査すれば、三人のように、それを生涯の宝として、国家的に活躍した人物を多数確認することができるであろう。今後の課題としたい。

「高崎に県庁」協力訴える

楫取県令を語る場合、触れておかなければならないのが、県庁位置問題であろう。

明治四（一八七一）年十月二十八日に群馬県が成立した。しかし、新田・山田・邑楽の三郡は含まれていなかった。県庁は高崎（旧高崎城内）に置かれ十一月十九日に開庁、旧岩鼻県知事・青山貞が群馬県権知事（ごんちじ）となった。ところが、翌五年一月に旧高崎城は兵部省の管轄に入った。青山は、これまで通り旧城内に県庁を置いてもらいたいと大蔵省に上申したが、同省の回答は、適当な場所を見つけ県庁を設置するようにというものであった。

そこで、旧前橋城内に県庁を置くことにした。旧前橋城も陸軍省（明治五年兵部省が陸軍省と海軍省に分離）の管轄になっていたが、同省に交渉したところ、異存がなかった。すぐに移転し、明治五年六月十五日から開庁。高崎に県庁が置かれたのは約八カ月であった。

明治六年二月、河瀬秀治が群馬県令となったが、入間県（いるま）（埼玉県西部）の県令も兼務していた。河瀬らの首脳部は入間県の首脳も兼ねていたので、群馬県庁のある前橋と入間県庁のある川越とを往復しなければならず、不便さは言うまでもなかった。

そこで、同年三月二十八日、群馬・入間両県の事務局が熊谷（熊谷寺（ゆうこくじ））に置かれた。それでも支障が出たので、両県は合併して六月十五日に熊谷県となり、県庁は熊谷に置かれ、前橋と川越に支庁を置いた。しかし、両支庁も十五日間で廃止され、六月三十日、あらためて高崎に支庁が置かれ、本庁（熊谷）が旧入間県管轄の、支庁（高崎）が旧群馬県管轄の事務を取り扱った。

明治九年八月二十一日、熊谷県を分割し埼玉県と群馬県とし、群馬県の県庁は高崎に置くことになった。県域は新田・邑楽・山田の三郡を含み、「鶴舞う形の群馬県」（上毛かるた）が成立した。県庁は高崎に移ったが、旧城は陸軍の管轄であったため、安国寺を仮庁に、これまで熊谷県の支庁であったところを分庁に、さらに分局を置いて県政を開始した。

明治初期に県庁の仮庁が置かれた安国寺＝高崎市通町

政府が高崎に県庁を置くことを公表すると、高崎町民は家賃を値上げしたり、県庁敷地も時価の倍でなければ売らないと言ったり、故意に物価を引き上げたりした。楫取県令は、高崎の有志を集め、あるいは自宅まで訪問し、その非を説き、県庁が高崎に来ることは永遠に高崎の利益を倍増させることであるから、全町挙げて協力して欲しいと訴えたが、町民は、楫取県令に冷淡であった。

旧前橋城内に県庁舎置く

高崎に県庁を置くことに非協力的な町民を、楫取県令は至誠を以て説得したが、町民は耳を貸そうとしなかった。地租改正など国家的な大事業を遂行しなければならないのに、県庁は仮庁舎の安国寺のほか多くの分庁・分局を持たなければならなかった。県政を円滑に運営し、その基礎を固めるには一カ所で機能的な行政が行われる必要があった。

前橋及び周辺の村では、明治八（一八七五）年九月、熊谷県に対して、県庁の本庁・支庁や裁判所を前橋に置くよう請願した。移庁による新築営繕などの諸費用は、地域有志の献金で賄うと、その熱意は並々ならぬものであった。

楫取県令は、第十七番中学区取締・星野耕作に、旧前橋城内の建物を県庁舎に使用したいと交渉した。旧城内の建物は教育事業に使用するという条件で払い下げを受け、一部が利根川学校（第十七番中学）の教場となっていた。星野の了解が得られたので、旧城内の建物を県庁舎に活用する道が開けた。

そこで、楫取県令は明治九年九月二十一日、内務卿・大久保利通に「前橋旧城建物」を仮庁とする伺書を提出した。高崎に開庁して二十日余りしかたっていなかった。伺いは即日許可され、県は九月二十六日、県民にその旨を伝えた。前橋の町民は①県庁職員の住宅、②師範学校の建設、③衛生局の設立なども寄付金を集め、県庁誘致運動を盛り上げた。前橋では県庁を誘致し、前橋を関東の大都市とするためには、いかなる犠牲をも払う覚悟をしていた。

　職員官舎の建築が始まると、下村善太郎は町内の八百屋・穀屋・酒屋・味噌(みそ)屋・雑貨商など各種業者を集め、「不当の利益を得ようとするものは、前橋繁栄の敵である」と注意を促した。県庁移転が決まると、前橋では「移庁用達所」や「迅速馬車」を設け、全町挙げて移庁業務に協力し、高崎や熊谷から瞬く間に荷物を運んでしまった。前橋への移庁は、熊谷から高崎への移庁がまだ完了していない段階で行われたのであった。

旧群馬県庁舎＝『群馬県史』（昭和２年刊から）

　これに対して、高崎町民が黙っていたわけではなかった。明治九年九月二十九日、もと通り高崎に県庁を置いてくれるよう嘆願書を提出した。しかし、嘆願書は翌日却下され、楫取県令は地租改正事業が終了すれば、高崎に県庁を新築すると約束した。

　明治十三年十一月十一日、楫取県令は内務卿・松方正義に、五年間の実績を踏まえ、前橋に県庁を置くことを願い出た。政府はこの上申書を受け入れ、同十四年前橋に県庁を置くことが正式に決定した。

妻になった寿子と文子

楫取素彦の妻・寿子（寿）は、吉田松陰の妹であった。松陰は杉家に生まれ、吉田家に養子に入っているので、寿子の実家は杉家である。寿子の妹の文子（文）は久坂玄瑞に嫁いだ。久坂夫妻に子がなかったので、素彦・寿子夫妻の二男・道明が養子に入った。ところが、久坂が亡くなったあとに、京都に隠し子がいたことが分かり、その子が久坂家を継ぎ、楫取は道明を復籍させた。

楫取も松島家に生まれ小田村家に養子にでた。そこで、楫取は長男・希家に小田村家、二男・道明に楫取家を継がせた。さらに、希家夫妻に子がなかったので、道明の二女・治子が磯村有芳と結婚し小田村家を継いだ。有芳の父・磯村應も長州藩出身（山口県）で、楫取県令に仕え県土木課長を務めた。こうしたことから、小田村家と楫取家は家紋も同じ「花菱」を使っている。

寿子は夫・素彦が熊谷県令さらには群馬県令になるにおよび、山口県から家族を同伴して任地へ移住した。気性が荒く反抗的な気風の上州に乗り込んだ夫を支えた。

寿子夫人が群馬県にいたのは明治七年から十三年までであった。明治十年、中風症にかかり養生に努めたが、同十三年胸膜炎を併発し、東京の次男・道明邸で療養することになった。寿子は家族に付き添われ同年八月十三日、倉賀野河岸から船で東京に向かった。

寿子が東京へ戻ってから三カ月後の十一月に見舞いに来ていた楫取は、歳末を控え群馬県へ帰ることになった。寿子は今生の別れになることを覚悟しながらも、何ら変わることなく楫取を送り出した。すぐに病状は悪化し重体に陥った。息子達が急報しようとしたが、「わが死生は私事。父上の御用は公務。私事のため公務を妨げるのは畏れ多い」と許さなかった。

翌十四年一月三十日の早朝、寿子は口を注ぎ、髪を梳り、居合わせた親族や家族に礼を述べ端座合掌し念仏を唱えながら往生を遂げた。享年四十三歳であった。

生前の寿子の姿を伝える写真は極めて少ない（藤岡市西蓮寺提供）

寿子が病死すると、母・杉滝子は久坂玄瑞を亡くした文子に楫取との再婚を促した。毛利家の「奥方付女中」をしていた文子は「貞女二夫にまみえず」の信念から応じなかった。しかし、妻を亡くし子や孫を抱え素彦が困っていることを知っていた母・滝子は、「こうすることが、亡夫・玄瑞や亡姉・寿子、亡兄・松陰の願いであろう」と説いた。これで文子も再婚を決意。杉家に復籍し、名前も美和子と改め、明治十六年楫取と再婚したことになっている。

浄土真宗を布教 人々教化

寿子夫人が熊谷県にやってきたのは、明治七（一八七四）年のことであった。群馬県から埼玉県にかけての一帯は、からっ風が吹きすさび人々の気性は荒く反抗的であった。

寿子は、上州人が直情的で反骨的なのは仏教心がないからであると見なし、浄土真宗によって人民を教化しようとした。寿子は母・滝子譲りの熱心な門徒で、西本願寺の明如（みょうにょ）法主に願い出て、小野島行薫（おのじまぎょうくん）が派遣されることになった。小野島も長州人であった。

小野島は布教の効果を上げるため、明治九年、結社を組織する方針を立て安中の清照寺で「酬恩社」創設を決意、本社を熊谷県大里郡下石原村（熊谷市）に置き、旧上野国（群馬県）の活動拠点は覚法寺（高崎市）とした。同年八月に第二次群馬県が誕生しても、小野島は埼玉・群馬両県（熊谷県）で布教を続け、本願寺から新たに艸香唯道（くさかゆいどう）が派遣されると、同十年に藤岡（現在の西蓮寺）と新町に説教所が新設された。艸香もまた長州人であった。

酬恩社では、四恩（父母生育の恩・皇上臨御の恩・人民交際の恩・大悲接化の恩）を自覚し、実践倫理として父母への孝養・天皇への奉仕・新政府への奉仕・殖産興業への努力・徴兵課税への努力・称名念仏などが説かれた。

県庁が前橋へ移転すると、県庁南に説教所（現在の清光寺）が新設され、実質的な本部となった。布教は説教所のほか本願寺派寺院のあった高崎・安中・桐生・沼田・境を中心に行われるとともに、全国展開して明治十二年には三府二十一県、社員数五万人に及び、翌年には社員数が十万人へと急成長した。

楫取県令と小野島は囚人教育にも熱心に取り組んだ。明治政府は監獄を痛苦から懲戒する場へ改善し、近代化を図る方針であった。これは、幕末開港以来のヨーロッパ諸国の監獄に対する知見から生まれたもので、政府は仏教界に期待した。その活動は「監獄教誨(きょうかい)」といい、囚徒善導のため監獄内で説教を実施した。

小野島は熊谷県に赴任した明治八年、前橋監獄で教誨を開始した。翌年からは同県の正式な委嘱を受け、岩鼻・高崎・熊谷・川越・大宮の懲役場および分監で、月一回の教誨を実施した。教誨は監獄内の工場または庭で行われ、浄土真宗の教義に基づいた因果応報・忠君愛国・修身斉家の道が説かれた。

艸香唯道も仏教の近代化に努めた優れた僧侶で、本山の許可を得て明治三十一年から富岡製糸場（所）で工女教誨に従事した。

仏教の近代化に努めた艸香唯道（藤岡市西蓮寺提供）

県民　キリスト教により関心

楫取素彦・寿子夫妻を後ろ盾に、小野島行薫によって始まった酬恩社運動は全国へ広まりながらも、終焉が突然にやってきた。その発展に本山が危惧の念を抱き、「教会条例」を制定し大教社を禁止すると、小野島も第一線を退いたからである。

酬恩社運動がこうした経緯を辿ったからというわけではないが、上州人は浄土真宗よりもキリスト教に関心を示し、積極的に受容した。寿子夫人が「外国の教になびく人の出来候も、この御法の有がたき事を知らぬ故なれば」と書き記したのも、群馬県でのキリスト教の広がりを目の前にしてのものであった。

群馬県は、幕末開港以来、生糸や蚕種が最大の輸出品となったことから、豪農・豪商らは横浜でそれらを売りさばき、富を蓄積した。彼らは製糸業などを営む産業資本家に成長するなかで、西洋の精神文明としてのキリスト教を受容するに至った。

県内の教会は、組合教会派（新島襄系）のものが安中・高崎・前橋・原市・吾妻（原町）・名久田（高山村）・沼田・緑野（藤岡）など次々に創設されたほか、桐生では日本基督公会派（長老派）の、島村（伊勢崎市）では美以教会（メソジスト派）の教会がそれぞれ伝道により設立された。さらに日本ハリストス正教会もニコライらの伝道により、新川村（旧新里村）、水沼村（旧黒保根村）、梅田村（桐生市）、須川村（旧新治村）、前橋、高崎と説教所や教会が設立された。

楫取県令によって明治十五（一八八二）年に開校した群馬県女学校は、楫取が去ったあとの同十九年三月に財政難を理由に廃校になった。女子教育の重要性は、小野島行薫ら真宗関係者もキリスト教関係者もよく分かっていた。そこで、小野島らは同二十年清揚女学校（前橋）を設立した。これに対して、キリスト教関係者は明治十九年三月英学校（前橋、共学）を設立した。校主は熊本バンド出身で同志社に学んだ加藤勇次郎であった。

清揚女学校は校主に県女学校取締役であった芦沢鳴尾、顧問に佐藤與三知事の母など県幹部の関係者を迎えたが、二年後には廃校となった。一方、英学校は同二十年に新築移転し校名も前橋英和女学校と変更。さらに、翌年には在籍生徒に女子が多かったため前橋英和女学校とし、同二十三年には「上毛共愛女学校」と改称した。これは群馬県の全てのキリスト者が支える女学校という意味であった。

二つの女学校の盛衰を見ても、上州人が浄土真宗よりキリスト教に関心を示したことが分かる。

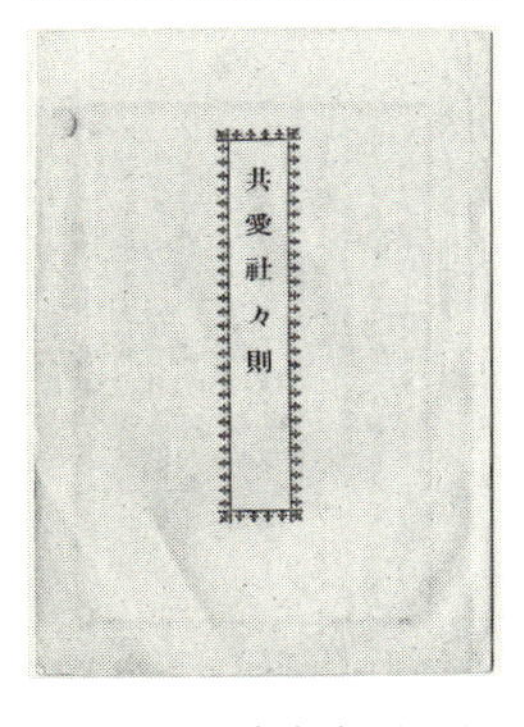

上）県庁南の清光寺が、かつての酬恩社運動の拠点となった　下）上毛共愛女学校の設立目的などをうたった共愛社社則（共愛学園提供）

日本で初めての廃娼県に

明治十二（一八七九）年に県会が開設されると、湯浅治郎（安中教会）・宮口二郎（同）・斎藤寿雄（甘楽教会）・山口六平（吾妻教会）・野村藤太（伊勢崎教会）・竹内鼎三（新川地方教会）・星野耕作（水沼教会）ら多くのクリスチャン議員が誕生した。

議長に湯浅治郎（第二代）・宮口二郎（第四代）・野村藤太（第五代）、副議長に星野耕作（第二代）・宮口二郎（第三、五代）・竹内鼎三（第六代）が、それぞれ就任したように、初期県会はクリスチャン議員が主導した。すると、群馬県の初期県政は楫取県令とクリスチャン議員が主役という言い方も許される。

明治十三年クリスチャン議員を中心とした三十五人の県会議員が、「娼妓廃絶の請願書」を楫取県令に提出した。同年の議員数は四十五人であったから八割近くの議員が賛同者であった。楫取県令は対策を練らせるとともに、県会の常置委員に諮問した。同委員から「断然廃娼すべきである」との回答を得た。

そして、明治十五年三月県会で「娼妓廃絶ノ建議」が可決されると、楫取県令は四月十四日、県内貸座敷業および娼妓稼ぎを明治二十一年六月限りで廃止する布達を出した。その後、公娼存続派が佐藤與三知事を抱き込み巻き返しを図るなどの曲折があったが、群馬県は同二十六年に日本で最初の廃娼県となった。

男尊女卑の根強い日本の思想風土にあって、キリスト教人間観に基づく女性の人格の尊重思想とその実践が、一夫一婦の清潔な家庭観の普及などとともに、廃娼運動の推進力となったが、運動を担った人々の原体験や女性観がその原点にあった。

江戸時代の上州は中山道などの街道が通り、宿場には多くの遊郭があった。クリスチャン議員で廃娼運動の中心となった湯浅治郎の父は名士であったが、そうした場所へ出入りし母を泣かせた。治郎が新島襄から洗礼を受け廃娼運動を行った原体験は母の姿であった。治郎は入信の動機を「一は進歩思想、一は厳格なる品行に感激し又(また)共鳴された」と述べている。

新島襄は「信者は酒を飲むべからず、男女混合の湯に入るべからず…常に聖書を携帯すべし」と申し渡し、信者は清教徒的な性の純潔、神の前に立つ人間としての良心的で規律ある生活という倫理を厳しく守った。

湯浅治郎は家庭浄化、女性解放のためまず廃娼運動を始めた。母・もよも明治三十一年に上毛基督教婦人矯風会が発足すると会頭に就任し、運動の先頭に立った。

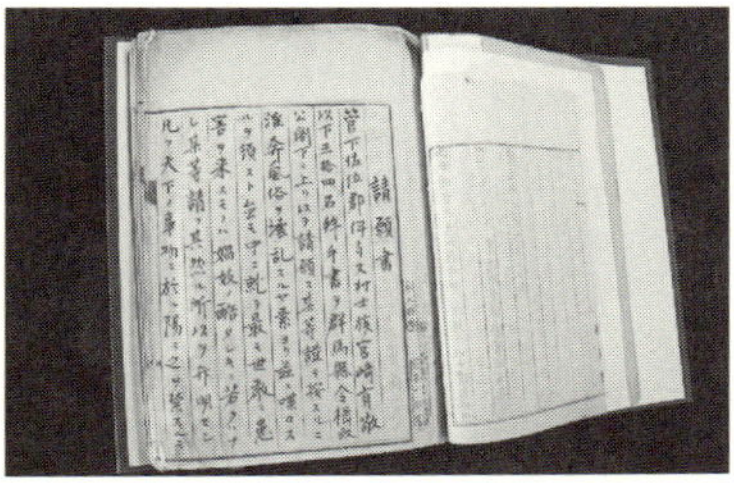

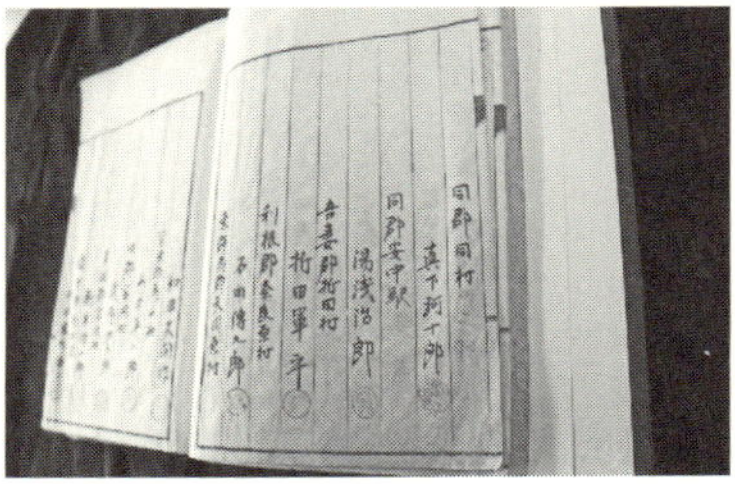

上）県令・楫取素彦に出された娼妓廃絶の請願書　下）娼妓廃絶の請願書に並ぶ賛同者の署名（群馬県立文書館所蔵）

妻につくられた女性観

家庭浄化、女性解放のためまず廃娼（はいしょう）運動に取り組んだ湯浅治郎の原点が母にあり、母を通して治郎の女性観がつくられ、それがキリスト教を受け入れる素地となったのであれば、廃娼を決断した楫取素彦の女性観はどのようにしてつくられたのであろうか。

クリスチャン議員の斎藤寿雄によれば、明治十五（一八八二）年三月県会で「娼妓（しょうぎ）廃絶ノ建議」が可決されたとき、楫取県令はニコニコして、これは良い建議だと喜んで受理したという。

楫取は長州藩医・松島家に生まれた。兄と弟がいたが、楫取が四歳のときに父が亡くなり、兄弟三人は母の手一つで育てられた。次男であった楫取は十二歳で儒官・小田村吉平の養子になり、二十五歳で吉田松陰の妹・寿子と結婚した。

楫取の半生を見るとき、その女性観は寿子夫人を通してつくられたと思う。寿子が亡くなると青山墓地に「従五位楫取素彦妻杉氏墓」が建てられた。墓誌銘は楫取が筆をとったものであるが、それを読むと楫取の女性観は寿子夫人そのものであることが確認できる。長い漢文の墓誌銘にはつぎのようなことが書かれている。

寿子は十六歳で嫁ぎ、夫が尊王党の志士として東奔西走しているときも、平然として貧乏の中にも二人の子を育てた。兄・松陰が実家に幽閉されながらも、人を集め尊王攘夷の大義を講義すると、かたわらで受講した。そのため、夫が投獄され、親戚一同が禍（わざわい）をおそれ近づかなくなっても、誰にも頼らずますます夫の進む道（尊王攘夷の大義）を信じた。

筆者がもっとも心を留めるのは、このあとに書かれている「君體質薄弱久病胸膜醫曰此若齢苦神職所致」（君体質薄弱ニシテ久シク胸膜ヲ病ム。医曰ク、此若（かく）ナル齢マデ神ヲ苦シメタル〔コト〕ノ致セシ所ナル）の一節である。医者から、夫を信じ家庭を守り、一人で幕末維新の難局を乗り越えた苦労が、病気の原因であると告げられたときの、楫取の心情はどのようなものであったろうか。この一節に楫取の自責と妻への哀惜の情が凝縮されている。

群馬県会に「娼妓廃絶の請願書」が提出され、楫取県令が対策を練らせたのが明治十三年、寿子夫人が亡くなったのが明治十四年一月、楫取が墓誌銘を書いたのが同年九月、「娼妓廃絶ノ建議」が可決されたのが明治十五年三月県会、楫取県令が「廃娼の布達」を出したのが同年四月。このように辿（たど）っていくと、廃娼の動きと寿子夫人の病状の悪化と死は同時進行していた。

上）東京・青山墓地の従五位楫取素彦妻杉氏墓（楫取能彦氏提供）　下）寿子ゆかりの清光寺には、楫取県令の手になる墓誌銘の拓本が残る（写真は一部分）

楫取県令が廃娼を決断した原点は妻・寿子にあったと言うことが出来よう。

「至誠」規範に県民と協力

楫取県令と県民は一致協力し、難治県といわれた群馬県を模範県へとつくり上げ、近代群馬の基礎を築いた。その両者を結びつけるキーワードは「至誠」であった。

楫取にとって「至誠」とは吉田松陰から受けついだ精神であった。安政六（一八五九）年、江戸送りとなった松陰は「至誠にして動かざる者未だ之あらざるなり」という孟子の言葉で始まる書を楫取に贈った。松陰は至誠を以て幕府の役人を説得しようと決意した。そして、その試みが成功したならば、世に伝えるため書を保存し、失敗したならば焼却処分するよう頼んだ。

松陰は処刑されたのであるから、至誠の説得は失敗したわけであるが、楫取はその書を処分することなく「至誠」を行動規範として、その実現に努めた。至誠の行動をした者が歴史の勝者とならないところに世の不条理がある。薩長藩閥の会津藩への仕打ちなど至誠のかけらもない。松陰が理想とした道義国家は明治維新でも達せられなかったという厳しい意見がある。

明治十七（一八八四）年八月十日、前橋町民による楫取素彦の送別会が開かれた。町民を代表して送られた送辞に次の一節がある。「一に至誠を推して人心に及ぼし、寛裕以て下に臨む。民その徳に化せらるるもの、茲に年あり。某等亦その余沢に浴し、以て今日の康寧を得るに至りしは、深く感激する所なり」

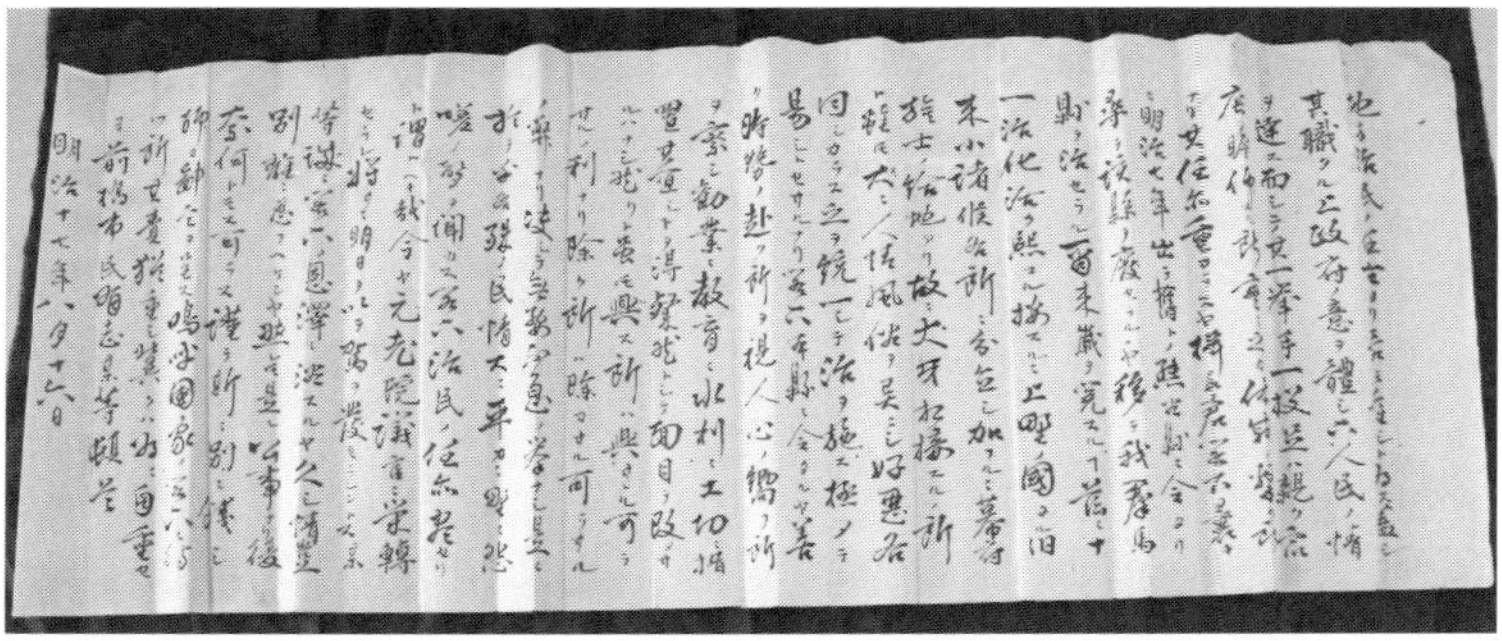

前橋住民は楫取の尽力に感謝し、帰京の前日（明治17年８月16日）にも「訣別の辞」を贈った（県立文書館所蔵）

この一節から楫取が県令として「至誠」を以て県政にあたったことが分かる。上州人は気性が荒く粗野で反骨的であるが、腹芸が出来ずにばか正直である。こうした上州人気質も徳化すれば「至誠」となる。楫取素彦（小田村伊之助）も吉田松陰に「小田村、人となり正直すぎるに困る」と評されたことがあった。

内村鑑三がつくった有名な漢詩「上州人」がある。「上州無智亦無才／剛毅木訥易被欺／唯以正直接万人／至誠依神期勝利」。これを直訳すると、上州人は無知・無才で、気性が荒く飾り気がなく欺かれやすい。ひたすら正直に人に接し、真心（誠）を尽くし神に依る勝利を待とう。

これで意味は通ずるが、長い間、何か味気ないと思ってきた。とくに最後の一節にあたる「至誠依神期勝利」は、うまい直訳も意訳も見当たらない。しかし、この一節は、新渡戸稲造のように武士道を誇りとした内村が、孟子の「至誠にして動かざる者未だ之れあらざるなり」を、内村流に表現したと解釈すると納得がいくことに気づいた。

群馬県の地域づくりの原点は「至誠」であった。

立身出世より至誠に徹し

楫取素彦について、まとめに入ることにしたい。最後は「日本近代史のなかでまだ光が十分に当てられていない楫取素彦の生き様をどう評価し、今後どのように語っていくべきか」と言うことである。

楫取県令が去ったあと、群馬県の教育は不振の時代を迎えた。医学校、女学校は財政難を理由に廃止となり、中学校もストライキが頻発し運営が困難になった。そこで、群馬県中学校長に迎えられたのが、まだ二十八歳の若さであった沢柳政太郎である。沢柳は在任期間が二年余りであったが見事に群馬県の中等教育を立て直し、仙台に移り第二高等学校長となり、東北帝国大学を開学し初代総長になった。

沢柳は東北帝国大学、京都帝国大学の総長を務めた教育者としても、文部次官を務めた行政官としても、またペスタロッチを研究する研究者としても一流で、文部大臣になれた可能性があったにもかかわらず、成城小学校を設立し大正自由主義教育を始めた。

なぜ高位高官を捨て小学校をつくったのかというと「本当の教育とは駆け引きをしないことである。これからは本当の教育をする」という理由からであった。沢柳政太郎を評価する場合、文部次官や京都帝国大学総長といった肩書で評価され、一切の肩書を捨て「駆け引きをしない本当の教育をしようとした」点はあまり評価されない。

平成二十四年、山口県防府市の顕彰会では『男爵楫取素彦の生涯』という本を出した。その中で、楫取の書簡を踏まえ「男爵」という位は本人も含め納得がいかなかったのではないかという指摘がある。維新に功績のあった山口県人は侯爵一人、伯爵五人、子爵七人、男爵四人が選ばれている。また逆に、前橋市のある人が「防府市の顕彰会はさすがである。男爵と付けた本を出した」。群馬県の顕彰もこれをまねるべきであると筆者に助言した。

しかし、筆者の評価は観点が違う。楫取は立身出世より至誠に徹した生き方をした。その結果、群馬県知事（地方官）の地位に甘んじ、爵位も男爵であった。楫取の奉じた儒教では官位などは「人爵」といい、それよりも「天爵」を重んじる。楫取素彦は「群馬県令を天爵にした男」というべきなのである。

楫取の功績をたたえた「楫取県令功徳碑」左。後ろは県庁＝前橋市
※碑は平成26年12月、前橋公園に移設された。

群馬学は筆者が最初に提唱したものであるが、その群馬学とは、地域の人々の幸せを祈り、その実現に努力してきた先人を発掘することであり、たたえて語り伝えることである。そうすれば偏差値だけを尺度とする教育を変えられるし、本当の地域づくりができる。

第2章

新島襄と遺訓を受け継いだ人々

上州人気質、寛容な宗教観を

上州人気質が徳化されると寛容な宗教観が形成され、それが近代群馬の文化となっていることを何回か紹介したい。第一回は現在の共愛学園の前身である前橋英和女学校（上毛共愛女学校）を取り上げる。

同校は明治二十一（一八八八）年に設立された。キリスト教に基づく「真正の道徳により善良なる女子を教育」しようとするもので、その設立と経営にはロシア正教徒の深沢利重（前橋）が主要な貢献をした。

発起人には新島襄、海老名弾正、湯浅治郎（安中）、大戸甚太郎（藤岡）、松本勘十郎（倉賀野）、田島善平（島村）、斎藤寿雄（富岡）、宮口二郎（原市）、森村堯太（伊勢崎）ら二十五人が名を連ね、群馬県のクリスチャンの総意が結集された観があった。

教師として竹越与三郎、青柳新米、住谷天来らが参加し、初代校長には同志社出身で前橋教会牧師の不破唯次郎が就任した。その後、不破と同じように新島の愛弟子である堀貞一や柏木義円らが校長を務めた。

国際基督教大学名誉教授の武田清子氏は、群馬県のキリスト教の特色は、明治時代から教派間の摩擦が余りなく、教会を越えて交わり協力的でエキュメニズム（教会一致運動）を先取りしたものであると高く評価している。上毛キリスト教徒が大同団結して設立・運営してきた共愛学園は、その典型である。

他の地域では見られないキリスト教諸会派の協力という現象は、理屈を言わずおおらかで開放的な上州人気質が、寛容な宗教観を形成し可能にしたものと言うことができる。

前橋市教育委員会生涯学習課は、平成二十三年一月二十一日に前橋プラザ元気21で「能と賛美歌」を開催。賛美歌は共愛学園前橋国際大学聖歌隊、能は観世流能楽師の下平克宏さんが担当した。

共愛学園の移転に伴い前橋市岩神町から同市小屋原町に復元された旧アメリカン・ボード宣教師館＝前橋市

能の音曲にはツヨ吟とヨワ吟がある。ツヨ吟は仏教の声明、ヨワ吟はキリスト教の賛美歌の影響を受けている。そこで、能のヨワ吟と賛美歌を比較鑑賞することが目的であるが、市民参加型で、同大学聖歌隊の指導で賛美歌、下平さんの指導で謡（ヨワ吟）の体験ができ、謡と賛美歌で東日本大震災に対する鎮魂の思いと復興への誓いを新たにした。私も「能と賛美歌」と題して基調講演を行った。

近代化の先覚者・新島襄

仏教の聖地・京都で学校設立

新島襄が亡くなったのは、明治二十三（一八九〇）年一月二十三日のことである。

新島は天保十四年一月十四日（新暦で一八四三年二月十二日）に安中藩江戸屋敷で生まれた。新島家は祐筆の家柄で、新島も達筆であった。

鎖国下にあって、函館から密航しアメリカに渡った。アンドーヴァー神学校附属教会で洗礼を受け、アマースト大学、同神学校を卒業。明治五（一八七二）年、アメリカ訪問中の岩倉具視を全権とする使節団と出会い、木戸孝允に認められ、使節団に加わった。

十年にわたるアメリカでの生活を終え、同七年に帰国し、両親の住む郷里・安中で、新知識を得ようと集まった人々を前にキリスト教の福音を伝えた。その中には、湯浅治郎（のち県会議長、衆議院議員）や斎藤寿雄（のち群馬県初代医師会長、県会議員、衆議院議員）らがいた。

政府は前年にキリスト教の布教を許可していたが、その実態は居留地までで内地伝道は許さない方針を採っていた。そこで、熊谷県令（知事、明治六～九年までは群馬県ではなく熊谷県）は、新島襄のことゆえ迂闊に禁止することもできず、その処置を政府に伺い出た。

すると政府は、新島はアメリカで木戸孝允ら政府高官から布教の自由を認められているので、新島のことなら放任しておけという指示があった。

こうして、内地伝道の第一声は新島襄により上州安中で行われた。徳川幕府による二百年余に及ぶ禁圧の歴史が安中で破られ、日本国内で自由に伝道が行われるようになった。安中でも、新島から洗礼を得た湯浅治郎、千木良昌庵、森本成徳、浅田タケ（内村鑑三の最初の妻）ら三十人により、明治十一年三月三十一日に安中教会が創立された。

新島襄の県内活動の拠点とされた父母の家「新島襄旧宅」＝安中市

新島は同八年、京都に同志社英学校を設立し、同二十一年に「同志社大学設立ノ旨意」を発表して、翌年から大学設立運動のため全国を遊説していたが、十一月に前橋で倒れた。伊香保温泉で静養し、十二月に神奈川県大磯の旅館・百足屋（むかでや）に移り療養に努めたが、同所が終焉（しゅうえん）の地となった。四十六歳十一カ月の生涯であった。

関西地方がアメリカン・ボード（米国伝道会社）の伝道区域であったとはいえ、郷里群馬や帝都東京でもなく、仏教の聖地であった京都に乗り込み、キリスト教主義の学校を設立したところが、いかにも上州人気質を体現した近代化の先覚者・新島襄らしい。

柏木義円と上州安中

清き高き理想郷目指す

新島襄から洗礼を受けた湯浅治郎ら三十人が明治十一（一八七八）年に創立した安中教会は、日本人の手による最初の教会で、その存在はわが国の近代史に燦然と輝いている（見学は三週間前に要予約）。

同教会の初代牧師は海老名弾正で、杉田潮、柏木義円と、相次いで新島の愛弟子が就任した。海老名、杉田は安中教会から前橋教会に転じ、中央で活躍したが、柏木義円は安中にとどまり、同地を終焉の地とした。

義円は万延元（一八六〇）年、越後国与板（新潟県）の西光寺（真宗大谷派）に住職の子として生まれた。東京師範学校を卒業し、群馬県碓氷郡土塩村乾窓寺（安中市）に開設した細野西小学校長となった。新島襄の存在を知り同志社に入学したが、学費が続かず中退し、群馬に戻り細野東小学校長となった。

しかし、海老名弾正から洗礼を受け、再び同志社で学び、卒業後は同志社予備校や熊本英学校に奉職したが、明治三十（一八九七）年、安中教会仮牧師に就任した。その翌年には「上毛教界月報」を創刊、同三十五年に正牧師となり、昭和十（一九三五）年に五男・寛吾と交代するまで三十八年間、その地位にあり、同十三年七十七歳で病没した。

「上毛教界月報」は昭和十一年まで発刊を続け、義円は同紙を舞台に、非戦・平和論など時局に関する格調高く、筆鋒鋭い論説を書き続けた。

ところで、義円は同志社時代の明治二十五（一八九二）年、東京帝国大学教授・井上哲次郎と教育勅語論争を展開するほど、才気煥発であったが、海老名弾正のように中央へ戻ることなく、上州安中という地方の小都市に、その生涯を献げた。これは、どうしてであろうか。

その理由は、アメリカに清き理想的な町村があるように「安中モ新島先生ノ御郷里トシテ清キ高キ町ニ致度、其理想ヲ有志者ニ吹込ミ度」と、安中を清々しい町にすることに使命感を以て一生の仕事と定めたからである。

柏木義円の肖像画（安中教会所蔵）

この言葉はアメリカ留学中の長男・隼雄に送った書簡の一節に記されており、さらに「米国ニ於ケル清キ理想的ノ小町村ノ事ヲ御取調べ」報告したり、資料があれば送り届けるように命じている。

われわれも、柏木義円を手本として、郷土愛と理想を以て、群馬県を新島襄の郷里として、清き高き理想的な共同体にしたいものである。

信仰生活の違いから疎遠に

写真をご覧いただきたい。新島襄と内村鑑三が並んで写った唯一の写真である。明治十六（一八八三）年に東京・築地の新栄（しんさかえ）教会で、第三回全国基督教徒大親睦会が開かれ、全国のバンド（教団）から集まった幹部四十人は、一枚の記念写真を残した。

写真を見ると、いずれもわが国のキリスト教史にその名を刻んだ人々で、群馬県人としては前列に湯浅治郎（右から三人目）が座り、二列目中央に新島襄（右）と内村鑑三（左）が並んでいる。湯浅は群馬、新島は京都、内村は札幌のバンドの代表であった。

新島と内村の年齢差は十八歳あり、新島が先輩格であった。これが縁で、内村は安中教会に招かれ講演をし、そのとき知り合ったと思われる浅田タケと翌十七年に東京で結婚式を挙げた。タケは旧安中藩士族・浅田荘吉の娘で、明治十一（七八）年に湯浅治郎らとともに新島襄から洗礼を受け、安中教会を設立した三十人の会員の一人で、同志社女学校の第一回生であった。

ところが、二人の結婚には内村の母・ヤソが反対した。「タケは学がありすぎる」というのがその理由であった。新島がヤソの説得役を買って出てスタートを切った二人であったが、結婚生活はわずか七カ月で破綻した。

内村は身重の妻・タケを残し、新島の勧めもあって渡米して、新島が学んだアーモスト大学に進んだ。同二十一年に帰国した内村は、新島の紹介で北越学館（新潟）に職を得た。このように若き日の内村鑑三は、新島襄に大変な恩義がある。

新島は安中藩士の子、内村は高崎藩士の子に生まれ、『上毛かるた』で「平和の使徒（つかい）　新島襄」「心の燈台（とうだい）　内村鑑三」と読まれ、日本を代表するキリスト者であり思想家で、群馬県を代表する偉人である。ところが、並んで写った写真は、いまのところこの一枚しか確認されていない。

二人はキリスト教に対する考え方の違いから、次第に疎遠となったようである。内村は、国家権力からも、西洋そして日本の教会からも解放されなければならないと「無教会主義」を唱え、新島のように外国ミッション（キリスト教の伝道団体）と交渉を持つことをせず信仰生活を堅持した。その結果、一緒に写った写真が一枚きり見当たらないようである。

新島襄（２列目右から４人目）と内村鑑三（その左）が並び写っている写真（群馬県立図書館・住谷悦治文庫所蔵）

漢詩が同志社の総長室に

今回もまず写真をご覧いただきたい。これは同志社総長の住谷悦治が総長室で撮ったものである。その背後を見ると、軸装された内村鑑三の漢詩「上州人」が掛かっている。新島襄が創設した同志社の総長室に、内村の漢詩が掲げられていることに注目したい。

前回、新島襄と内村鑑三がキリスト教に対する考え方の違いから疎遠な関係になったことを紹介した。新島は明治二十三(一八九〇)年に亡くなってしまったが、新島の愛弟子(まなでし)・柏木義円は生涯にわたって、内村の学識に敬意を払ったが、キリスト教に対する考え方には反発した。

これに対して、内村が最も信頼し、固い友情で結ばれていたのが、群馬郡国府村(高崎市)出身の住谷天来であった。あとで詳しく触れるが、漢詩「上州人」も病床にある内村を天来が見舞った時につくられたものである。

それは昭和五(一九三〇)年二月十二日のことであった。甘楽教会(富岡市)牧師の天来は、漢詩三編を贈り、ともに祈祷(きとう)して、内村を慰めた。天来の漢詩に応えて即興でつくったのが「上州人」であった。内村は一カ月後の三月二十八日に亡くなったので、漢詩「上州人」は絶筆ともいえるものであった。

住谷悦治は天来の甥であった。悦治は天来を神のごとく尊敬し、天来も悦治を「愛甥」と呼ぶほど、二人の関係は特別なもので、悦治は天来から受洗しクリスチャンになった。

大正十一（二二）年、悦治は東京帝国大学の恩師でありクリスチャンの吉野作造の推薦で、海老名弾正が総長であった同志社大学に奉職した。昭和八（三三）年には思想弾圧事件の余波で大学を去ったが、戦後に復職し、同三十八（六三）年に同志社総長に選ばれた。

その二年前の同三十六（六一）年は、内村鑑三生誕百年であった。内村を尊敬する関係者が、直筆漢詩「上州人」を刻んだ記念碑を高崎市の頼政神社境内に建立し、関係者にはその拓本（印刷）が配られた。悦治はそれを表具して、同志社総長に就任すると総長室に掲げた。

新島が創始した同志社の総長室に、内村の漢詩「上州人」が掲げられたということは、生前に疎遠な関係になった新島と内村を、明治十六年の記念写真のように、再び仲良く並ばせようと、住谷悦治の特別な思いが働いたのではないかと思われる。

同志社総長室の住谷悦治と内村鑑三の直筆漢詩「上州人」の拓本（群馬県立図書館・住谷悦治文庫所蔵）

同志社の救世主・湯浅八郎

新島襄精神で大学再建

新島襄が明治八（一八七五）年に創設した同志社は、百三十年を超える歴史を持つ。福沢諭吉の慶應義塾と並び称され、わが国を代表する私学となっているが、その長い歴史のなかで、最も困難な時代に総長を務めたのが、湯浅八郎であった。

八郎は湯浅治郎、初子を両親に同二十三（九〇）年に生まれた。初子は徳富蘇峰と蘆花の姉であった。新島が死去すると、治郎が同志社経営のため京都に転居したので、八郎は府立師範学校付属小学校から同志社普通学校に進んだ。

卒業すると同志社教会で受礼し、渡米した。カンサス農科大学、イリノイ大学大学院（昆虫学専攻）で学び、学位を取得。京都帝国大学農学部の創設に参画し、大正十三（一九二四）年に教授となった。霊長類研究の第一人者・今西錦司は教え子の一人であった。

義兄・大工原銀太郎が九州帝国大学総長を辞め、昭和四（二九）年、第九代同志社総長に就任するものの、急性盲腸炎で急逝した。後事を託された八郎は一週間祈って考え、神の命令だと確信し、同十年、第十代総長となった。

母・初子は、同志社は新島以来、総長を全うした人はいない、いつも問題があって、辞めるか辞めさせられるかしていると反対したが、柏木義円は「我安中が新島先生次で湯浅氏に由り、同志社を通して日本に貢献せし所は、蓋し偉大と謂ざるを得まい。而して又これ上州の誇りであろう」と、その決断を讃えた。しかし、当時の日本は、右傾化・軍国主義化を加速させていた時期で、新島の「キリスト教を以て徳育の基本とす」という同志社の理念を守ろうとする湯浅総長は、学内の右派教授、配属将校、彼らに扇動された学生、これに呼応する学外の右翼・軍国主義勢力との戦いの連続であった。

妥協を拒絶し孤立無援となった湯浅は、ついに昭和十二（三七）年十二月、総長を辞任し、同十四年、再びアメリカへ向かった。

八郎の滞米生活は八年に及んだが、敗戦後の同二十一年に帰国すると、翌年、第十二代同志社総長に就任した。①同志社を新制大学として出発させること ②同志社の精神的復興を図ること ③経営的基盤を固めること—の三つの課題に精力的に取り組み、同志社を再建した湯浅は、国際基督教大学初代総長に招聘されるとともに、安中市に誕生した新島学園の初代理事長も務め、新島襄精神を以て戦後の民主主義社会の再建にあたった。

新島学園初代理事長時代の湯浅八郎（新島学園提供）

上州の大自然から啓示

湯浅八郎が総長に就任した昭和十（一九三五）年は、新島襄が同志社を創設して六十年にあたる記念すべき年であった。そこで、湯浅総長は「同志社校歌」を制定しようと、歌詞を懸賞公募した。しかし、応募作品には「ひとつも意に満つるものなく」、叔父の湯浅半月（吉郎）に作詞を依頼した。

半月（吉郎）は父・湯浅治郎の実弟で、明治十年から八年間、同志社で学んだ。卒業論文に長編叙事詩『十二の石塚』を書いた。これがわが国初の個人詩集であった。渡米してオベリン、エール両大学で学び学位を得て帰国、同志社の教壇に立った。明治三十七（〇四）年、京都府立図書館長に就任し、わが国の図書館制度の整備にも努めた。

校歌を依頼されたとき半月は七十八歳になっており、居を東京に移し旧約聖書の研究などをしていた。東京では作詞できないと、安中に帰り「妙義山の雲を看、碓氷川の波に音を聞いて、母の墓前にぬかづいて神に祈った」。そして、軽井沢にある半田善四郎の別荘に滞在し、半田の案内で碓氷嶺の絶頂に登ったとき、忽然（こつぜん）として校歌が出来上がった。そこで、東京に戻り、作曲を霊南坂教会のオルガニスト・大中寅二に依頼して、出来上がった次の作品を同志社へ送

新島襄旧邸のそばに建てられた湯浅半月作「十二の石塚」の詩碑＝安中市

った。なお、大中は翌年「椰子の実」（島崎藤村作詞）を作曲している。

一、天地は神の創作と／啓示す（記せる）聖書の第一句／読みて校祖は畏くも／天つ父を発見しぬ／脱国密航（海外雄飛）渡米して／苦学十年人の子を／神の像に育てむと／早くも思立たれたり／守れ同志社／皇国（神国）の霊玉（大道）

二、エデンに勝れる（同志の造れる）新学園／新天新地の心地して／智徳の並樹陰清く／集ひ来れる人の子等／目に麗しき智識の果／味はふ事を許されて／面に汗する人生を／永遠化する生命の樹／示せ同志社／皇国の明鏡（神国の真理）

三、天地に耻ざる良心を／手腕に運用する人を／社会に送り出さむと／育て成る我学園／校庭家庭相和して／徽章の三葉花開き／薫る真正の愛国心／国際情緒（国際愛）の香も深し／展け同志社／皇国の宝剣（神国の生命）

関係者の検討を受け丸かっこ内のように訂正されたが、校歌が上州の大自然から啓示を得てつくられたことは、同志社にとって群馬県が特別な地であることを示している。

「新島の愛弟子」2人の親交

また新島襄の話題に戻る。新島襄の夫人・八重が最も信頼した教え子は、牧野虎次であった。無欲恬淡であった牧野は、八重から「葬儀は頼みますよ」と託された。

牧野は明治四（一八七一）年、滋賀県に生まれ、同志社教会で受洗し、明治二十年、同志社英学校に入学した。在校中に新島が死去、聖書を片手に祈祷し「小新島たらん」と決意。葬儀では徳富蘇峰の依頼で勝海舟が揮毫した弔旗「彼等は世より取らんとす。我等は世に与えんと欲す」を持って歩いた。

在校中は寮の掃除当番を日給五銭でつとめ授業料や食費を捻出しながらも、新島が進めた同志社大学設立募金運動に一年間毎月十銭を献金した。牧師のかたわら社会事業に熱心で、内務省社会局嘱託、満鉄社会課長（初代）、大阪府嘱託などを歴任し、昭和十六（一九四一）年湯浅八郎の辞任後空席であった同志社総長に就任した。戦後は湯浅を再び総長に迎え、退職金を大学に差し出し奨学金とし、自らは新島襄旧宅の番人を務めた。

牧野と同志社英学校同期生に黒澤長吉がいた。長吉は明治四年、甘楽郡善慶寺村（甘楽町）に生まれた。黒澤家は農業と糸繭商を営み、出入りしていた蚕種業者で伝道に熱心な荻野千代吉の話から、長吉はキリスト教に関心を持ち、明治十八年、安中教会牧師・海老名弾正から受洗、同二十年には新島襄にあこがれ同志社英学校に入学した。

在校中に発病し、無念の帰郷を余儀なくされたが、九十六年の生涯を新島襄の教え子であることを誇りに生き抜き、自らの墓碑には聖書の一節「我ハ途ナリ真ナリ生命ナリ」と刻んだ。長吉は牧野が総長に就任すると、激励の手紙と寄付金を送り続け、ともに母校の発展を祈り、新島襄の命日には「先師御昇天当時の感慨」に馳(は)せた。

実は、戦時中に湯浅八郎を渡米させたのも牧野が深井英五（高崎出身、同志社卒業生、日本銀行総裁）に働きかけ実現したものであり、敗戦後に湯浅を帰国させ、再び同志社総長に迎えたのも、牧野がマッカーサー司令部に粘り強く働きかけ実現したものであった。

新島精神を体現した湯浅の身の安全を確保し、時宜を得て再び総長職に迎えることは、牧野の秘めたる決意であった。牧野はそれを終生、自己吹聴することなく、ともに新島の愛弟子で無欲恬淡の黒澤長吉に宛てた書翰(しょかん)の中だけで語った。

自宅の門の前に立つ晩年の牧野虎次氏（黒澤常五郎氏提供）

湯浅八郎と黒澤長吉

新島精神　守る決意吐露

黒澤長吉は牧野虎次だけでなく、その前の総長であった湯浅八郎にも、励ましやねぎらいの書簡を送った。新島襄の愛弟子を自認する長吉が、母校の危機の時代に総長を務めた二人を激励したことは、母校愛だけでなく上州人の義侠心（ぎきょうしん）の発露とも言える。

総長に就任した湯浅がまず直面したのが「神棚事件」であった。昭和九（一九三四）年秋、台風により柔剣道場が倒壊した同志社高等商業学校では、翌年新道場が完成したので、旧道場のように新道場床の間に新島襄の写真を掲げることを決定したが、配属将校三浦国雄中佐に指示された部員が、神棚を安置し「練武の神（三宅八幡）」を祀（まつ）った。

学校当局は直ちに撤去を命じ、部員も非を認めた。ところが、三浦中佐は「伝統の日本主義をキリスト教主義が認めるか否かの重大問題である」と横やりを入れ対立した。

この問題は新聞にも報じられ、長吉は湯浅総長を励ます書簡をしたためた。するとすぐに湯浅から長吉に「六月二十三日付御懇書鳴謝申上（もうしあ）げます。今回ハ異常な歴史的危機であると思ひます。最善を尽くす決心です」との返書があった。

書簡は短文ながら湯浅の新島精神を守るため戦い続けようとする意志が伝わってくるが、以後も国体明徴論文事件（昭和十年）、教育勅語誤読事件（同十二年）、同志社教育綱領制定と上申書問題（同）、国防研究会事件（同）、チャペル籠城事件（同）、上申書事件（同）、予科不祥事件（同）に悩まされ、ついに昭和十二（一九三七）年十二月三十一日付で総長を辞任した。

翌十三年十月、長吉は長文の書簡で湯浅をねぎらった。湯浅は返書で、勝海舟が新島死去の知らせを受け、同志社諸君（徳富猪一郎・金森通倫・小崎弘道）に宛てた書簡の写を懐中し、悲愴な決意を以て総長に就いたが、「何事にも耐え難き数年」で御支援は感激のほかなく、総長辞職は「御期待にそむきたる一生の痛恨事」であるが、「今後とも同志社のため母国のため御奉公」を期し、マドラス会議に出席し、アメリカへ渡る心境を語った。

湯浅八郎は戦後になって、聞き取りに答えて当時のことを語っているが、勝の書簡の写を懐中し、新島襄の遺風の上に「自由にして敬虔なる学風の樹立」を目指すべく、総長に就任した、その覚悟は長吉宛の書簡で唯一、吐露したことであった。

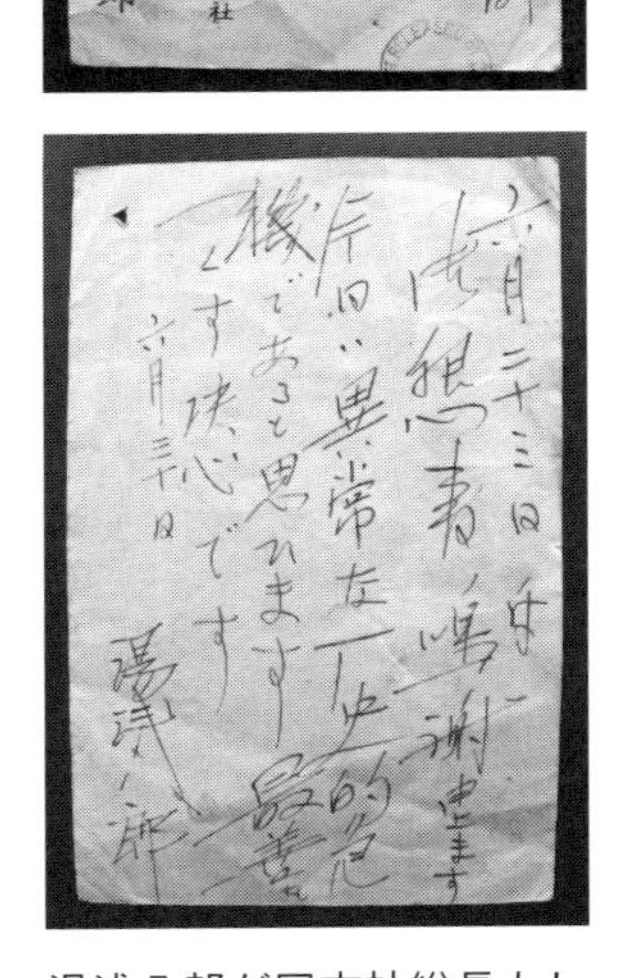

湯浅八郎が同志社総長としての「決意」を伝えた黒澤長吉宛のはがき。上）は表、下）は裏（黒澤常五郎氏提供）

黒澤長吉の三三五五到達主義

新島の「一人が大切」を体現

同志社卒業直前に発病し帰郷した長吉は、健康回復後に組合製糸・甘楽社の社長・山口太三郎に見込まれ、同社の工場監督となった。

甘楽社の工場は、北甘楽郡や多野郡の山村にあった。山道を歩いて工場を回ったおかげで、長吉は健康になり九十六歳まで長生きをした。甘楽社を辞めた後も、小幡町産業組合、農業会などの指導者として地域社会の中で活躍した。

元甘楽町長の黒澤常五郎氏は長吉の孫に当たる。長吉は書斎に自ら揮毫（きごう）した「三三五五到達主義」の墨書を掲げていた。この言葉の意味するところを、常五郎氏は次のように解釈している。

「組織体というものは、理解の早い人もいれば、遅い人もいる。指導者は我慢辛抱が大事で、大きな風呂敷に包み込むようにして、一つの方向、目的地まで導いていかなければならない」

私は、この言葉を聞いて、体が震えるほど感動した。なぜかというと、新島襄は、その教育方針として「ひと一人が大切なり」と、クラスの中で最も出来ない生徒に目を注いだ。新島の薫陶を受けた長吉が、恩師の教えを「三三五五到達主義」という自分の言葉に置き換え（新島精神を血肉化）、地域社会に生かそうとしたものであったからである。

我が国は昭和二十（一九四五）年八月十五日に敗戦を迎えた。未曽有の国難に人心は動揺した。翌十六日、小幡町農業会で、不安におののく町民を前に長吉が演説をした。演説を聴いた町民の一人・茂原照作は、そのときの模様を、長吉が「我が民族精神に信頼を置いて訓戒され、冬来たりなば春遠からじとの言葉で動揺を鎮めた」と書き記している。

晩年の黒澤長吉
（いずれも黒澤常五郎氏提供）

甘楽社工場長時代の黒澤長吉

新島襄は「一国を維持するは、決して二三の英雄の力にあらず。実に一国を組織する教育あり、知識あり、品行ある人民の力に依らざる可からず。是等の人民は一国の良心とも謂う可き人々なり」と、一国の良心を養成するため同志社を設立した。長吉は新島の期待に応えて、一国の良心になろうと、その生涯を歩んだといえる。

さて、写真は黒澤長吉の甘楽社工場長時代のものと、晩年のものである。顔は自分でつくると言うが、信仰活気に富める青年が、信仰と共に生き、敬愛され誰もが一目を置く哲学者のような顔立ちになっていったことがわかる。願わくは、私もかくありたいと思う。

堀貞一と野間清治

キリスト教が精神的な糧

新島襄の同志社の教え子であった海老名弾正、不破唯次郎、柏木義円らが、県内の教会の牧師となって、地域社会にも大きな影響を与えたことは、よく知られている。前橋教会の牧師となった堀貞一も、その一人であった。

堀は文久三（一八六三）年、大阪に生まれた。明治九（七六）年新島襄から受洗し、同志社神学校を卒業。同三十二年に前橋教会の牧師となり、同時に共愛女学校の校長を兼務した。

堀牧師のもとへ、萩原朔太郎、高畠素之、井上日召らが出入りした。三人は県立前橋中学校（前橋高校）の同級生で、高畠素之は同志社神学校に進み、わが国で初めて「資本論」を完訳した国家社会主義者。井上日召は血盟団事件の首謀者である。

これまで注目されてこなかったことであるが、講談社を創設した野間清治も堀の感化を受けた。野間は明治十一（七八）年に現在の桐生市で生まれた。同二十九年、前橋市にある群馬県師範学校に入学した。師範学校時代に前橋教会に出入りし、熱心に堀の説教を聞き、共愛女学校のミッション教師・パミリー宅での英語クラスに参加した。

同クラスに参加した師範学校と前橋中学校の生徒で、前橋青年倶楽部を組織し、海老名弾正や徳富蘇峰らを講師に講演会を開いた。

野間は大正十三（一九二四）年に社運をかけて創刊した雑誌『キング』が大成功を収め「日本の雑誌王」と呼ばれた。野間は終生、堀牧師を尊敬し、堀は野間の勧めで『キング』に「新島襄先生を懐ふ」などの文章を寄稿した。

評伝「野間清治伝」は師範学校の後輩にあたる中村孝也（東京帝国大学教授）が執筆したが、そのなかで野間は「四書の礼賛者であり、聖書の研究者」と書かれている。新島の高弟・堀貞一から学んだキリスト教が野間の精神的な糧となった。

野間は大正自由主義教育の理解者であった。小原国芳が玉川学園を創設する際に、全く無縁であった野間に資金の融通を申し出た。野間は土地代として四十五万円（現在の数億円）を用意し、用地買収する小原の護衛に野間道場の剣道の達人をつけた。

小原はその著書に「小原一族、全父兄、全卒業生、永遠に野間家に感謝感恩せねばならぬ」と書き記している。野間も新島が理想とした「良心が全身に充満した丈夫」であったことが分かる。

桐生倶楽部にある野間清治の胸像
＝桐生市

社会改良家　救世済民の志士

新島襄が明治七（一八七四）年にアメリカから帰国し、両親の住む安中で講義をすると、新知識を求めて、多くの青年が集まった。そのなかに県会議員や衆議院議員として活躍することになる湯浅治郎や斎藤寿雄がいた。

斎藤は弘化四（四七）年、上野国甘楽郡小幡藩医の二男として生まれた。慶応三（六七）年、父の後を継ぎ藩医となり、明治四年、大学南校（東京大学医学部）で西洋医学を学び、翌年、父の死によって帰郷し開業医（外科医）となった。

「貧乏な家からは治療代を取れないという情け深いヒゲ先生」として、地域住民の尊敬を集め、明治十二年、北甘楽郡立病院副院長、富岡製糸場嘱託医に就任した。翌年、県会議員に当選すると、県会会期中に前橋の旅館で湯浅治郎と同宿した。

食事ごとに黙祷（もくとう）する湯浅に興味を示すと、聖書を与えられ、安中教会牧師・海老名弾正を紹介された。海老名は毎週木曜日ごとに斎藤家を訪れ、「マタイ伝」を講義するようになり、そこへ周囲の人々も集まった。

集会は明治十七年まで続き、同年一月に斎藤は海老名から受洗し、三十七歳でクリスチャンになった。二月に宮前半五郎らと、甘楽第一教会（甘楽教会）を設立した。

斎藤は甘楽教会の中心として、その生涯を信仰とともに生き抜いたが、医療や教育の分野を中心に、社会改良家として精力的な活動を行った。

代表的な事例を示すと、明治六年、高瀬小学校を全費用自弁で設立し、翌年、村に寄付。同十五年から県会に湯浅治郎らと「廃娼の建議」を提出し、群馬県を全国初の「廃娼県」とすることに貢献。同三十八年に私立富岡女学校、大正十五（一九二六）年に私立幼稚園（富岡）を設立。また同十四年に日本栄養学校長となり、栄養改善運動を進め、昭和七（三二）年、北甘楽郡福島町（甘楽町）の栄養改善事業と同小学校の栄養給食を実現させた。

医師会の組織化も進め、明治二十二年、県連合医師会、同三十九年、県医師会を設立し、医療水準の向上を図った。

本県は明治九年に県医学校が開校したが、同十四年には廃校。昭和十八年に前橋医学専門学校（群馬大学医学部）が開校するまで、医師養成機関がなかった。しかし、多くの名医が輩出したのは、斎藤が会長として医師会を牽引したからであった。柏木義円は斎藤を「右手聖書、左手聴診器を携え、救世済民」する志士と讃えた。

大塩湖畔の遊歩道沿いにある斎藤寿雄の碑。碑文は新約聖書ヨハネ伝12章24節＝富岡市

画期的な通算「3勝2敗」

斎藤寿雄は明治十三（一八八〇）年、同十七年、同二十一年、同二十四年と四期にわたり県会議員を務め、同三十一年、第六回総選挙に出馬し五十一歳で衆議院議員となった。

その後、第十一回総選挙（明治四十五年）、第十二回総選挙（大正四年）に出馬し落選したが、第十三回総選挙（同六年）、第十四回総選挙（同九年）に当選した。斎藤が衆議院議員を辞めたのは、じつに七十七歳の時であった。

斎藤の晩年まで続く旺盛な政治欲は、社会改良家としての延長線上にあると見るべきで、次の施策の実現に貢献した。

コレラ・赤痢・腸チフス・パラチフス・天然痘・発疹チフス・猩紅熱（しょうこうねつ）・ジフテリアについて法定伝染病公布と隔離治療すべき法、結核予防法、トラホーム（トラコーマ）予防法、未成年者飲酒禁止法、天然痘予防接種義務づけ費用の国庫支弁、健康保険法。

こうした業績に埋もれて、これまで見逃されていた斎藤の政治家としての評価に、湯浅治郎らのクリスチャンや県医師会の支援を得て、理想選挙を行ったことが挙げられる。

わが国の選挙は、財産による制限選挙で始まり買収が横行した。吉野作造が民本主義とともに普通選挙の実現を求めたのは、有権者が増大すれば買収は不可能になると考えたからであった。ところが、金権万能の弊害は普通選挙になって拡大し、吉野を失望させた。

わが国の選挙史を見ると、明治三十五年の第七回総選挙に、前橋市の製糸業者でクリスチャンの深沢利重が、木下尚江を招き理想選挙を行ったが、結果は、泡沫候補に終わった。柏木義円らはこの選挙を視察しており、前橋市で試みられた理想選挙運動の精神を受け継いだのが、斎藤を擁した選挙であった。

斎藤の選挙では、まず候補者の斎藤が神に祈って理想選挙を誓った。そして、安中教会・甘楽教会員が一致団結し、県内のクリスチャンに呼びかけた。斎藤が会長である県医師会もこれに応じて、郡市単位の医師会が下部組織となって、理想選挙運動をおこなった。

今井伴次郎筆の「斎藤寿雄先生像」（富岡市高瀬公民館所蔵）

斎藤の選挙成績は通算で三勝二敗であったが、理想選挙で三回当選したことは、本県ばかりでなく、わが国の選挙史上、画期的なことであった。

新島襄は、青年に「地の塩」となって社会を清めるよう期待した。新島精神は、斎藤寿雄によって、群馬県の医師会や選挙界にも受け継がれたのであった。

第十四代同志社総長・住谷悦治 1

一途な大学愛　総長3期12年

明治八（一八七五）年、新島襄が創設した同志社は、昭和四十（一九六五）年、創立百年を迎えた。奇しくもその時の総長は、群馬県出身の住谷悦治であった。

住谷が総長に就任したのは昭和三十八年のことであった。当時の社会状況は、安保闘争後の学生運動や組合運動が最も激化した時期で、社会そのものが激動の風潮であった。大学は内外からその存在価値を問われ、総長職にあるものは、学生からも教職員からも、常に批判の矢面に立たざるを得ない立場にあった。

同志社の総長選びも混迷を極めたが、住谷が選ばれた。こうした中で住谷家では家族会議が開かれた。家族は総長就任に反対であった。住谷はすでに六十七歳で、残りの学究生活をラーネットと住谷天来の伝記を完成することに捧げようとしていた。家族の反対理由も、二つの伝記を完成させるべきであるというものであった。

ラーネットは、開校以来同志社に奉職し、同志社の学問を象徴する人物であった。住谷天来は、悦治の叔父で、内村鑑三もうらやむほどの才能がありながら、幸徳秋水と親交があったと見なされ、公安当局にマークされたため、地域の人々に尊敬されながらも、伊勢崎教会・甘楽教会牧師として、地方に埋もれた人物であった。

余談であるが、住谷家はノーベル化学賞を受賞した福井謙一博士と縁戚にあたる。福井夫人・友栄さんの母が悦治夫人・よし江の妹という関係であった。福井夫妻がお見合いをしたのも、京都の住谷家であった。

悦治は、選挙で選ばれた上、教職員組合の大きな支持を受けた以上、それを拒むこともできず総長になった。二期目就任の要請があったときも、家族は「絶対に受けたらあかん」と反対した。しかし、悦治は同志社創設以来初めて、総長職を三期十二年務めあげた。総長を退いたときは実に八十歳であった。

同志社総長時代の住谷悦治（住谷輝彦氏提供）

悦治が家族の反対を受け、学究生活を犠牲にしても、総長に就任したのは、上州人として、新島襄が創設した同志社を愛するという一途な思いからであった。

多忙を極めた総長時代であったが、叔父天来の伝記に優先させ、大著『ラーネット博士伝』を書き上げ、同志社の恩人を世に出したことを見ても、悦治が総長を引き受けた決意の程が分かる。

第十四代同志社総長・住谷悦治 2

拷問の苦しみ 自ら誇らず

住谷悦治は、明治二十八（一八九五）年、群馬郡国府村（高崎市）に生まれた。県立前橋中学校を経て、第二高等学校へ進み、東京帝国大学法学部政治学科に学んだ。二高在学中に帰省し、「水清き利根の河畔」で叔父・住谷天来から受洗、クリスチャンとなった。

クリスチャンで恩師の吉野作造の推薦で、海老名弾正が総長の同志社大学に奉職した。

当時の同志社は、大学令によって大学に昇格したところで、吉野は海老名総長のために、中島重（憲法）、今中次麿（政治学）、和田武（財政学）など優秀な教え子を送り込んだ。さらに住谷（経済学史）、河野蜜（刑法）、林要（経済学）、波多野鼎（社会思想史）の東大新人会に属した若手が同志社の教壇に立ったので、「同志社アカデミズム」と呼ばれた。

看板教授となった住谷であったが、昭和八（一九三三）年「共産党のシンパ事件」をでっち上げられ、検挙され同志社を去った。

下鴨警察署留置場に放り込まれた住谷は、特高警察の脅しに屈しなかったため、麻縄で縛り上げられ「半殺しの目にあった」。竹刀で叩（たた）かれた両ももは、五十年経（た）っても、冬になるとうずき、拷問の記憶とともに住谷を悩ませた。

私は悦治の長男・一彦氏（立教大学名誉教授）と二男・磐氏（同志社大学名誉教授）らと、『住谷天来と住谷悦治―非戦論・平和論―』（みやま文庫、平成九年）を編纂（さん）した。その中に住谷が昭和二十六年に書いた「拷問の話」を入れた。出来上がった本を詩人の伊藤信吉のもとに届けた。プロレタリア詩人として活躍しながら昭和七年に検挙され、運動から離れた経歴を持つ伊藤は、それを読んで感動した。

前年に九十歳で県立土屋文明記念文学館の初代館長に就任した伊藤は、「群馬文学全集」全二十巻を企画、平成十一（一九九九）年から刊行が開始された。第二十巻「思想・評論　随筆　滞在日記・紀行　群馬文学年表」の『思想・評論』の項に新島襄、内村鑑三と並んで、住谷天来と住谷悦治の文章が収載されていたのは、伊藤が「住谷天来と住谷悦治」を読んだからであった。

1927年ごろ、京都の自宅前で叔父の住谷天来（左）と写真に納まる住谷悦治（『回想の住谷悦治』より）

戦後社会は、戦前に弾圧を受けたことが勲章となった。しかし、住谷は「百日間の拷問に堪（た）え」と美談化することを拒否。その苦しさに堪えきれず、ウソの調書に署名し同志社を辞めたと、自らを誇ろうとはしなかった。伊藤が最も敬服したのも、この点であった。

第十四代同志社総長・住谷悦治 3

平和の実現「至誠」に求める

『住谷天来と住谷悦治―非戦論と平和論―』（みやま文庫 平成九年）には、住谷天来の文章九本と住谷悦治の文章六本を収めた。

悦治の文章で、私が最も好きなのは『誠実』であること」という文章である。これは総長時代の昭和四十（一九六五）年一月七日にＮＨＫラジオで録音し、十四、十五、十六日と三回に分けて放送されたものであった。要約して紹介すると、次のようになる。

まず「誠実とは、いつわりのないこと、まごころ、まこと、のことで、人生・社会における人間の立派な態度の一つで」「誠実こそが、わたしたちが人生・社会を貫いて、不朽のものとして、身につけねばならぬもの」と定義する。

しかし、「人生社会にあっては『誠』が、または『誠実な行い』が、人に通ずるとはかぎらず、誤解されたり、歪められたり、圧迫されたり、批難されたり、ひとり断腸の嘆きに生涯を沈めるものは、菅原道真に限ったことではない」と指摘する。

そして、新渡戸稲造がアングロサクソン人種の商業道徳の優れたところに敬意を払っていたが、その根底が「正直は最良の政略である」、正直ならば利するということであることを聞き、唖然とし、誠実はそれ自体に価値があることを忘れてはならないと説いたことを紹介した。

次に内村鑑三とその著書『代表的日本人』に触れ、同書で取り上げた西郷隆盛、上杉鷹山、二宮尊徳、中江藤樹、日蓮は、活躍した時代、社会的地位、性格、行動、年齢も違っているが、みな「至誠の人」で、人間の誠実な努力が必ずしも報いられないところに、人生の悲劇も寂寥も涙もあるとの思いに至ると語る。

最後に、しかし人間として、より本質的な救いは、自分は誠実に努力し、「至誠」を尽くしてきたのだという自信と自覚、自分の誠実の価値を自分が評価して満足する以外にないと提起し、「あらゆる立場において誠実に徹した人びと、陰・日向なく誠実に徹しようと努力する人びと、自らの誠実を、自らが価値評価しうる人びと、そのような自覚を抱きうる人びとが多く輩出するならば」、多くの希望と期待をかけることができると結んだ。

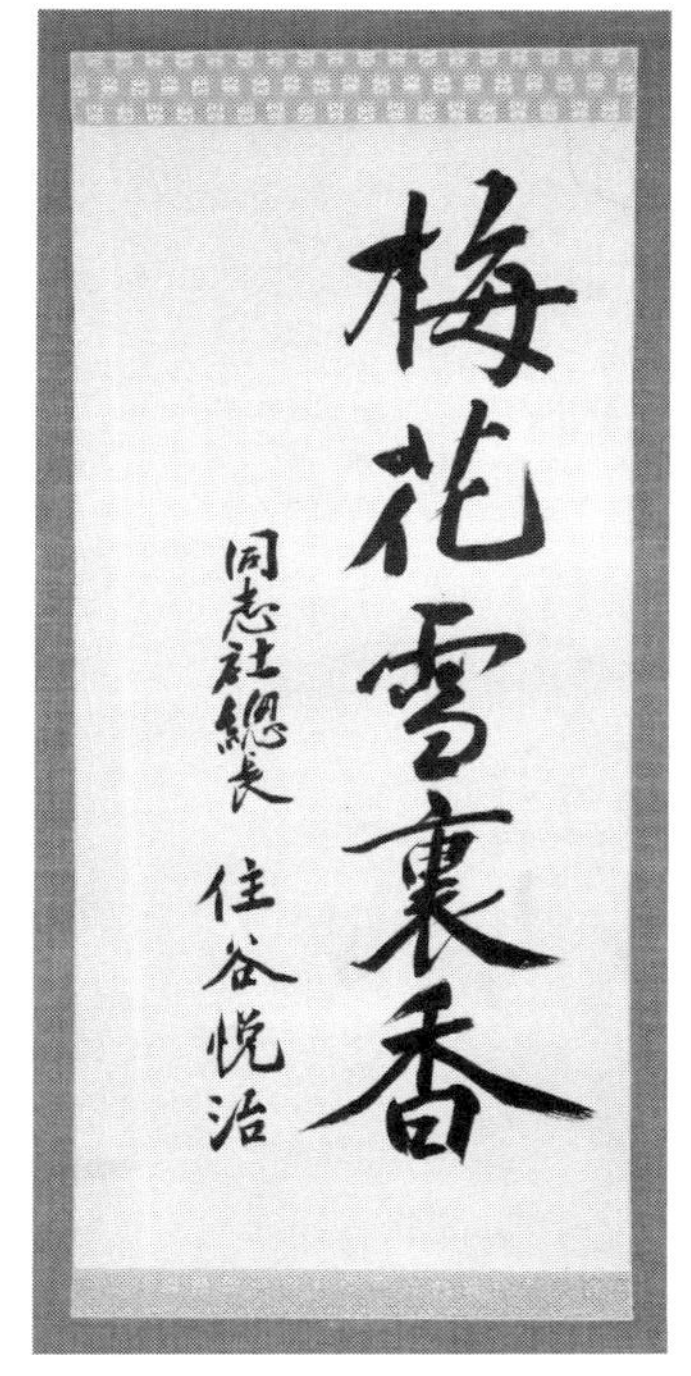

同志社総長時代の住谷悦治による「梅花が咲き香るのは雪を耐えたからこそ」という意味の揮毫（群馬県立歴史博物館所蔵）

これは悦治の平和論の根底をなす信条で、平和の実現を、軍事力やイデオロギーでなく、「誠実」「至誠」という世界の万人が持つことのできる心の持ち方に求めた。

学園憲章の実現へ腐心

住谷悦治の総長時代は学園紛争の最盛期で、同志社の長い歴史の中でも、危機の時代の一つであった。湯浅八郎総長が、軍国主義に呼応する学内外の勢力と戦い新島精神を守ったように、住谷総長は大学解体を叫ぶ学内外の勢力から学園を守らなければならなかった。

会議中に侵入してきたヘルメットの学生に椅子ごと御神輿（おみこし）のように担がれ学内を横断し、烏丸通りを横切り、新町校舎まで運ばれたこともあった。学生は総長を人質にとったような気分であったが、住谷総長が平然としていたので間もなく解放された。

住谷は「春風を以（もっ）て人に接し、秋霜を以て自らを粛す」という江戸時代の儒者・佐藤一斎の言葉を好んだ。そして、「春風の如（ごと）く人に接するということは本当にその通りですが、ときには怒りが心頭に発することもあります。そんなとき僕は洗面所に行き鏡に自分の顔を映し、怒る醜悪な顔を見て怒りを抑えることにしています」。「人にプレゼントをするときは自分にとって不用なものを贈るのではなく、贈って惜しいと思うものをあげることです」と、佐藤の言葉を実践した。

さすがに、いきり立つ学生運動の闘志たちも、温顔でジェントルマンの総長には脱帽の感があった。住谷は東京帝国大学を母校としたが、徹底的な官学嫌いで、新島襄と同じように私学の発展こそが民主主義を支えると考えた。

総長就任にあたって、これみよがしに抱負を述べることをしなかった。代わりに自分自身に言い聞かせる学園憲章を考えた。要約すると、第一は、キリスト教精神に基づきよい同志社をつくる。第二は人間性を尊重し、学園に真の自由と平等を実現する。第三は国際友好主義と平和主義に立つ。第四は、学園内を美しく清潔に保つ。学園の一切のものは、長年にわたる同志社人の歴史的遺産である。第五は、よく学び、明朗に楽しく健康な学園生活を築く。

住谷は内なる学園憲章の実現によって、思想的な闘争によって暴力行為が頻発した学園を、高い良識と静謐な秩序が保たれた学問の殿堂とすることに腐心した。

30代の住谷悦治が住谷天来に揮毫を依頼し、京都・鴨川の石で造った自分の墓。故郷にあり、死後、分骨して納められた＝高崎市東国分町

入学式には原稿も携えず、真実そのものの風貌で「良心の全身に充満せる丈夫の起こり来たらんことを」の新島精神を切々と説き、学生時代には毎月一冊は天下の良書を必読し、学問の真髄を把握して、世に奉仕する人間になれと訴えた。

「民選」「廃娼」相次いで提唱

これまで継続的に新島襄に連なる上州人を紹介してきた。そろそろまとめに入ることにして、最後に同志社の恩人・湯浅治郎を取り上げたい。

湯浅治郎は、嘉永三（一八五〇）年、安中で味噌醤油醸造業を営む「有田屋」に生まれた。福沢諭吉の全著書を読解。その著書などを集め、明治五（一八七二）年、わが国初の民間図書館「便覧舎」を開設した。同七年、新島襄がアメリカから帰国し、安中に住む両親のもとにやってくると、真っ先に駆けつけたのが治郎であった。

明治十一年、治郎ら三十人（男十六、女十四）は、便覧舎の二階に集まり、新島から洗礼を受け、ここに安中教会の歴史が始まった。治郎は「慶應義塾ノ門ニ入リタルコト」も「同志社ニ学ビタルコトモ」なけれども、「福沢先生ノ門人、新島先生ノ弟子」と称した。

明治十三年、県会議員となり、十七年に第二代議長に選ばれた。議長在任期間は、同二十三年に衆議院議員となるまで、六年七カ月に及び、歴代最長記録となっているが、県会議員としての活躍が、わが国憲政史上の誇りと言えるほど素晴らしかった。

治郎の主導で、「郡長民選の建議」「地方官民選の建議」「廃娼に関する建議」が相次いで県会に提出された。「郡長民選の建議」とは、地方税で賄う郡長を、政府が勝手に地方の民情を知らない人を選ぶのは、人民の実益を損ねるから民選にせよというものであった。「地方官民選の建議」とは、国費で払っている地方官（知事・書記官ら）の俸給を地方税で賄うから、地方官も民選にせよというものであった。

郡長民選の要求は、同十六年内務卿の通達で却下されたが、地方官民選のように民主主義に基づく地方自治確立のための原理が討議された県会は、群馬県だけであった。地方官民選は地方税負担が前提であったため、県会で激論の末、十一対十九で廃案となった。

しかし、女性蔑視の時代に、人格として女性を尊重する考え方、一夫一婦の家庭観の確立を求め提出された「廃娼に関する建議」は、楫取素彦県令が、ニコニコしながら「良い建議だ」と受理したため、本県は同二十六年全国最初で唯一の「廃娼県」となった。

楫取県令は、全ての人を平等に見る治郎に、裁判官になることを薦めたが、治郎は「民選ならば裁判官になってもよいが、官選では応じられない」と断った。

県会時代の湯浅治郎（群馬県議会事務局提供）

裏方に徹し新島の遺志継承

明治二十三（一八九〇）年、わが国で最初の衆議院議員選挙が行われると、湯浅治郎は群馬第五区（北甘楽郡・碓氷郡）から出馬。当選して衆議院議員となり、連続二期務め、財務委員として活躍した。

治郎から帝国議会の入場券をもらって見学に行った住谷天来は、母親がつくった握り飯を食べ、粗末な衣類を着ている治郎が、堂々と議場を歩いていたのを見て感動したという。

明治二十二年に制定された「同志社通則（第一章綱領）」は、新島襄・湯浅治郎・徳富蘇峰の三人でつくった。翌年、新島の死を受け治郎は京都に転居。議員を続けていれば大蔵大臣候補といわれながら、同二十五年、衆議院議員を辞めた。

新島のあと小崎弘道が第二代同志社社長に就任し、治郎が資産管理委員となって同志社の財政基盤を確立。二十年間無給で財務担当社員・理事として、裏方に徹し新島の遺志を継承した。治郎にとって、同志社への奉仕は「新島先生の霊に奉仕」することであった。治郎は「右の手のなすを左の手にしらしめず」という神の教えを実践し、自らの善行を他人に知らせることを好まず、昭和七（一九三二）年、八十三歳で、その生涯を閉じた。

徳富蘇峰は姉・初子が治郎の後妻になったことから、治郎とは義兄弟の間柄であった。治郎の支援を得て、民友社を設立し、日本を代表する言論人となった蘇峰は、治郎を、政治家を続けていたら財政問題で太刀打ちできる政治家は数人であったので大臣になっていたであろう、と評した。日本鉄道会社の理事を続けていたならば、社長なり副社長になって、大金持ちになっていたであろうし、もう少し執着心や妥協性があったならば、世俗的には大成功者になっていたと、同志社に行ったことを惜しんだ。

権謀術数渦巻く社会をわたり歩き、名声を博した徳富蘇峰や小崎弘道、浮田和民などの肥後人には、志を守って物事に欲がなく淡泊であることは治郎の短所と映り、その生き方を全面的に肯定することはできなかった。しかし、治郎の生涯は、上州人気質を徳化し、上州人の良質性を体現したものであった。それは上州人であってこそ、理解できるものである。

平成二十四年九月十八日、県議会議事堂に展示室がオープンし、楫取素彦県令とともに湯浅治郎県会議長のコーナーも設置された。展示は筆者が担当した。ぜひ御覧いただきたい。

安中教会にある雲外先生（湯浅治郎）の碑。文章は治郎の義弟・徳富蘇峰＝安中市

群馬県民にとっての新島襄 上

「上毛五偉人」に選ばれる

「上毛五偉人」という言葉をご存じだろうか。新田義貞・関孝和・塩原太助・高山彦九郎・新島襄の五人を、戦前にはこう呼んでいた。

昭和の初めも郷土教育が盛んであった。群馬県教育会では郷土教育の教材とするために、各郡・市教育会に地域の先覚・先哲の調査を命じた。その結果、各地域の偉人がリストアップされ、最高の傑士として、先の五人が「上毛五偉人」と称されるようになった。

郷土教育が盛んな小学校には郷土室が設けられ、上毛五偉人の肖像画が掲げられた。昭和十五（一九四〇）年は皇紀（紀元）二六〇〇年であった。国や全国の自治体では盛大な記念行事が組まれた。群馬県では記念行事の一貫として「上毛五偉人」の本をつくり、先哲祭を群馬会館で開いた。こうして、「上毛五偉人」は群馬県公認の偉人となった。

では、新島襄ら五人はどういう理由で「上毛五偉人」に選ばれたのであろうか。簡単にまとめると次のようになる。

新田義貞は現世の富・権勢・名誉を求めず、大義名分に基づいて後醍醐天皇に協力した人物。高山彦九郎は新田一族の鉄血勤皇の赤誠を体現した「草莽（そうもう）の臣」。関孝和は西洋の大学者に先んじて、世界の数学史上に微分積分の研究成果を残した算聖。塩原太助は至誠を以て家業に励み、親切と信用を第一とし江戸屈指の豪商となりながら公共事業に尽力し、近世の商人道を実践した人物。新島襄は福沢諭吉とともに明治の先覚者であり、近代文化の指導者。

つまり、新島襄は「真に徳行の人、信念の人であり、明治教育界の権威者であり、日本の宗教家として内外に仰がれた人」として上毛五偉人の一人に選ばれた。

新島襄らを取り上げた「上毛五偉人」（県立図書館所蔵）

ところで、日本は敗戦によってＧＨＱ（連合国軍最高司令官総司令部）の指導下に置かれ、戦前の国史・地理教育は禁止された。しかし、上毛五偉人は、昭和二十一年、中曽根康弘元首相が青雲塾を創設すると、同会館内には新田義貞・高山彦九郎・関孝和・新島襄の肖像画が掲げられ、翌年に誕生した「上毛かるた」には、新田義貞・関孝和・塩原太助・新島襄が取り上げられるなど、戦後にも語り継がれることになった。「上毛かるた」の新島襄の解説には「明治の宗教家・教育者としての新島襄を持つことは本県の誇りである」とある。

新島は戦前・戦中・戦後も、県民にとって偉人であった。

郷土再建のシンボル

昭和二十（一九四五）年八月十五日、敗戦によって近代日本は崩壊し、国民は未曾有の国難に直面した。道義の衰退や混乱も見られたが、多くの国民は祖国再建をいかに進めるべきか模索した。

そうした中で、群馬県では『新島襄先生の言葉』という本が出版された。昭和二十二年九月二十日のことで、編著者は須田清基と神田哲雄。発行所は青年出版社（前橋市）、定価は二十二円であった。同書を出版したのは、次のような理由からであった。

「新しい日本を建設する上に、特に期待さるるところのものは、実に至純（しじゅん）なる青年の力である」。「しかしながら、現代日本の道義地にまみれた状況が、このまま放置せらるるならば、真誠なる自由に生きる幸福は、われわれのあいだを空（むな）しく通過し去るの他はないであろう。思うに、現代日本に最も乏しきものは良心であり、しかして、良心によって行動する至誠の人の寥々（りょうりょう）たる、まことに悲しむべき状態と言うの他はない」

「かかるときに於（おい）て、私たちが心から熱望し期待して已（や）まざるものは、新島襄先生の如（ごと）き崇高なる至誠の人」「烈々たる情熱をもって、祖国日本を憂え、日本の柱たるべき日本人の心に、良心の火を燃えしむる人の出現である」

「日本の元気、良心、柱石である」青年の中から「幾百幾千の新島襄出で」、新日本の建設に立ち上がるよう、『新島襄先生の言葉』を出版したのであった。

同書には、公選最初の知事・北野重雄が「本書が広く一般に愛読され、特に愛と誠に生きる教育者諸氏ならびに理想に生き祖国再建の熱情に燃える男女青年諸君のよき伴侶たることを信じ」という序文を寄せた。新島襄は祖国（郷土）再建のシンボルであった。

敗戦後に出された「新島襄先生の言葉」（群馬県立図書館所蔵）

その後、日本は戦後復興を果たしたものの、アメリカとソ連という超大国を頂点とする東西冷戦構造が、国内体制にも反映し、保守勢力と革新勢力に二極化されるようになり、北野重雄は保守勢力に、須田清基らクリスチャンは革新勢力に属するようになる。

敗戦という非常時にあって当時の人びとは、思想や立場を超え祖国再建に奔走したことが分かる。東日本大震災と原発事故により、わが国は再び国難を迎えている。新島精神に立ち帰り、小異を捨て大同団結し、日本（郷土）再建に取り組まなければならない。

上州人に勇気づけられ

平成二十五年のNHK大河ドラマは、福島県会津出身で新島襄の妻となった八重の生涯を描く「八重の桜」である。NHKが「八重の桜」を放映する理由は、東日本大震災の被災地・福島県を元気づけたいというものである。

群馬県では、八重が新島夫人であることから、ドラマに本県が取り上げられ、全国的に注目されるのではないかという期待がある。しかし私は群馬県はほどんど取り上げられないのではないかと思う。それゆえ、この講座で①上州人がいかに新島襄や同志社を献身的に支えたか、②新島精神が群馬県にこそ受け継がれているということを述べてきたのである。

では、群馬県がほとんど取り上げられない理由は何かというと、次の二点である。

①群馬県人は新島襄を上州人であると思っているが、全国的に新島は東京生まれの江戸っ子で通っている。②新島襄が創設した同志社は、学園史を語る場合、徳富蘇峰・小崎弘道ら熊本洋学校出身者、いわゆる「熊本バンド」を中心に叙述し、上州人が献身的に同志社を支えたことを語っているわけではない。

「八重の桜」には原作がない。そうなると八重が京都に移ってからは「熊本バンド」史観で描かれることになるであろう。

新島は明治十六（一八八三）年「同志社大学設立」を志して社則を制定し、初代社長（総長）に就任して、募金活動に専念するが、真っ先に七百円の大金を寄贈し、新島を勇気づけたのは原市（安中市）の半田宇平次であった。

同志社英学校出身の牧野虎次は、無欲恬淡であったことから新島八重の信頼が厚く葬儀を頼まれた。牧野が昭和十六（一九四一）年から二十二年まで同志社が最も大変な時期に総長に就任すると、同級生であった黒澤長吉（甘楽町）がしばしば激励の書簡と寄付金を送った。牧野は黒澤が毎朝欠かさず母校のために祈っていることを知り、「同志社は同志社を愛する者の同志社なり」とのかねての思いが裏付けられたと感激した。新島は「一国は二三の英雄」によってではなく、良心ある人びとによって維持されると、同志社を創設した。朝のテレビ小説を見ていると時代考証が素晴らしいので、ＮＨＫには期待しているが、著名人ばかりでなく、黙々と地域社会を支えながら、母校のために祈りを欠かさなかった黒澤のような人を登場させてこそ、本当の応援になるではないであろうか。

洋画家・湯浅一郎が描いた半田宇平次の肖像画（半田充氏提供）

第3章　内村鑑三と住谷天来

活動への満足と誇り込め

内村鑑三の漢詩『上州人』について本格的に論じてみたい。

まず、この漢詩誕生の経緯である。昭和五（一九三〇）年二月十二日のことであった。富岡町（市）にある甘楽教会で牧師をしていた住谷天来が、病床にあった鑑三の見舞いにやってきた。天来は漢詩三編を贈り、一緒に祈祷し慰めた。漢詩『上州人』は、天来が贈った漢詩のうち、次の漢詩に報いるために鑑三が即興でつくったものである。

住谷天来

雪風掃面砂払地／友愛四十余年知／懊悩一場春不関／飛来只見紅梅詩（雪風ハ面ヲ掃キ砂ハ地ヲ払ウ／友愛四十余年ノ知ナリ／懊悩ハ一場ニシテ春関ラズ／飛来シタダ見ル紅梅ノ詩）

内村鑑三

上州無智亦無才／剛毅木訥易被欺／唯以正直対万事／至誠依神期勝利（上州人ハ無智マタ無才／剛毅木訥欺カレ易ク／タダ正直ヲ以テ万事ニ対シ／至誠神ニ依リテ勝利ヲ期ス）

今日知られている漢詩『上州人』は「接万人」となっているが、鑑三の日記を見ると「対万事」として記されているので、鑑三が推敲したことが分かる。一カ月後の三月二十八日に鑑三は数え年七十歳で亡くなっているので、漢詩『上州人』は辞世と言える。

次にこの漢詩の意味である。「名県令・楫取素彦」（38～39頁）でも触れたが、直訳して意味は通ずるが、鑑三の日記を見ると、大正十年六月二十一日の条に、次の記述がある。

このときも、鑑三は伊香保温泉に逗留し療養中であった。天来は二十日に伊香保温泉を訪れた。鑑三は「復と得難き好き交友の快楽」と歓喜した。一泊した天来を見送り固い握手をして、二人は次のような約束を交わした。

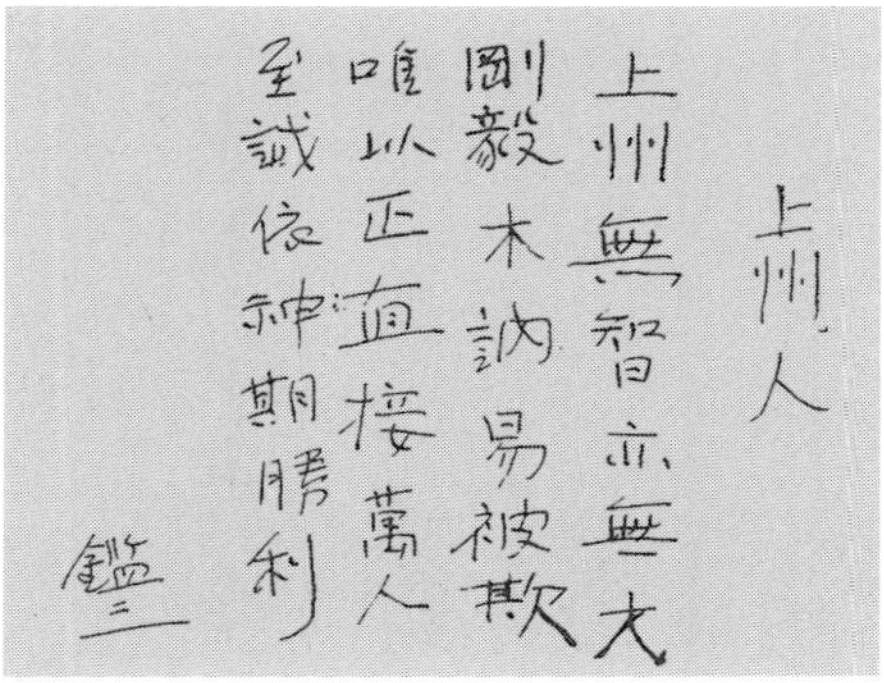

「住谷君、我等は上州人である、故に智慧や策略においては到底江戸ッ子や肥後人には敵はない、然し我等には亦我等相応の強みがある、我等はこれに由て勝たう、我等は今より牧師又は伝道師と称ばれまい、基督教の儒者と称ばれよう、儒者は日本特有の教師である、牧師と云ふが如きハイカラ的の名称でない、我等は大抵の事は武士道を以て解決する、外国人には頼らない、聖書は有りの侭に信ずる、旧いと言はれて恥じない、当世向きを嫌ふ、昔しの儒者が論語を教へたその代りに聖書を講ずる者、それが我等である、上州的蛮カラ的伝道師として行り通そう」

漢詩『上州人』には二人が交わした約束を実践してきたことへの満足感と誇りが込められている。

内村鑑三直筆の漢詩「上州人」

才知なくとも正直・至誠を

漢詩『上州人』を読み解くにあたり、昭和四（一九二九）年八月に内村鑑三と住谷天来が作った漢詩に注目したい。このときも、鑑三は長野県軽井沢近くの沓掛で療養中であった。療養先から鑑三が天来に次の漢詩を贈った。題名は「高崎城を過ぎて」というものであった。

光陰如矢七十年／世変時移今昔感／不棄上州武士魂／独拠聖書守福音（光陰ハ矢ノ如ク七十年／世変リ時移リ今昔ノ感／上州ノ武士魂ヲ棄テズ／独リ聖書ニ拠リテ福音ヲ守ル）

これに対して、天来は次の返詩二編を贈った。

学道説教七十年／物変星移歎逝川／耿々尚在武士魂／独窮聖経宣福音（道ヲ学ビ教ヲ説イテ七十年／物変ジ星移リ逝ク川ヲ歎ク／耿々トシテナオ武士ノ魂在リ／独リ聖経ヲ窮メ福音ヲ宣ブ）

烏兎匆々七十年／桑田碧海驚変遷／独抱上州武士魂／尚拠聖書福音宣（烏兎匆々タリ七十年／桑田ハ碧海トナリ変遷ヲ驚ク／独リ上州ノ武士魂ヲ抱キ／ナオ聖書ニ拠リテ福音ヲ宣ブ）

鑑三は沓掛でこの漢詩二編を受け取ると、自作の無声無韻の詩一首に対し、天来から「本当の詩が到来した」「海老で鯛を釣ったとは此事であろう」と感激し、一人でも武士魂を理解する牧師がいることに感謝すると喜んだ。そして、「上州気質」と題する次の短歌一首を詠んだ。

天地を　劈くばかり　鳴る神の　あとは空井に　かかる明月

こうみてくると、漢詩『上州人』は、鑑三と天来が大正十年に交わした約束や昭和四年につくりあった漢詩や短歌を踏まえ出来上がったものであることが分かる。したがって、その意味するところを表現しようとすると、なかなか難しい。

内村鑑三を支えていたのは上州人気質と武士道であったが、実は若いころには、上州人であることに負い目を感じ、上州人であることを隠そうとした。飾り気が無くあけすけの上州人気質は、学問的でなく粗野で無教養に思えたからである。しかし、挫折や辛酸を経て、多くの人々の学問が立身出世の道具であることに気づいた。それはキリスト教に対しても同様であった。本来、学問や宗教は心の平安を求めるためにある。皮肉なことに、学問により、その才知ゆえに誠の心を曇らせてしまうことが多い。

だから、鑑三は上州人には才知はないが、正直・至誠という徳性がある。これを磨こうと住谷天来と誓い合ったのである。

内村家の墓には、今も訪れる人が絶えない＝高崎市の光明寺

神社にクリスチャンの碑

高崎市の頼政神社境内に、内村鑑三の直筆漢詩「上州人」を刻んだ記念碑が建っている。碑の上面には「I for Japan, Japan for the World, The World for Christ, And All for God」（我は日本のため、日本は世界のため、世界はキリストのため、そして万物は神のために）の英文が刻まれている。

これは、鑑三がアメリカ・アーモスト大学留学中に、キリスト教の回心（宗教体験）を得て、愛用していた聖書に英語で「わが墓に刻印されるべきこと」と書き記したものであった。

鑑三の記念碑は、昭和三十六（一九六一）年、生誕百年を記念して建てられたものであるが、「世界広し」といえども、クリスチャンの碑が神社に建っているのは、ここだけである。

ではどうして、鑑三の碑が頼政神社に建つことになったのであろうか。まず、頼政神社は高崎藩主・大河内家の遠祖・源頼政を祀ったものであった。鑑三は上州高崎藩・大河内家の藩士の子として江戸屋敷で生まれた。鑑三が武士道（魂）を生涯の誇りとしたことは、すでに述べたとおりである。頼政神社は高崎のサムライの精神的支柱であった。

鑑三は江戸屋敷で生まれたが六歳から十二歳まで、二度にわたり五年ほど高崎で暮らした。

この時代の鑑三は夏になると、「余の全心は碓氷、烏両川の水産物に在りし」と回想するほど、魚を捕ることに熱中し、しばしば父から叱責を受けるほどであった。

鑑三は獲得した魚の種類・名称・習性をことごとく記憶し、「余の天然学に心を寄するに至りしは、実に此時に於ける余の水族の観察に基づけり」「余の天然物の愛は烏、碓氷両川の天然物の観察を以て始まれり」と、その体験が札幌農学校へ進んでから水産学を専攻することにつながった。

また、烏川や碓氷川で魚とりに夢中になっていたなかから、「彼等（魚類）は余を造化の霊殿に導けり、彼等を通して余は余の造化の神に詣れり」と、鑑三は万物の真理を得るようになった。

後年、鑑三が伊香保温泉で病気療養した際に「山川は余の幼時を孚みし者である、榛名山の中腹に宿りて余の母に懐れて眠るが如き気持ちがする」と感慨を深くしたように、鑑三にとって烏川や碓氷川は、水産学者や宗教家になる原点であった。

そこで、内村鑑三を敬慕する人々は、生誕百年を記念して碑を建てるに当たり、烏川を臨むことのできる頼政神社の境内を選んだのであった。

烏川に面した頼政神社にある内村鑑三記念碑

内村鑑三と漢詩『上州人』4

固い友情と兄弟の不仲

内村鑑三の漢詩『上州人』は、住谷天来との交友から生まれたものであった。二人の固い友情は終生変わることがなかった。

鑑三は天来の英語力、漢語力を絶賛しているが、その信頼は絶対で日記に次のように書かれている（大正十年六月十八日）。「上州に来て余を大歓迎して呉れる者が唯一人ある、それは富岡組合教会の牧師住谷天来君である、君は余と同国同信同主義の人である、…天来君一人が上州に在りて上州は余に取りて失はれたる国ではない」

ここからは余話である。天来の甥は同志社総長を長く務めた住谷悦治である。天来は悦治を「愛甥」とかわいがり、悦治は天来を神のごとく敬った。県立前橋中学校（前橋高校）から第二高等学校（仙台）に進んだ悦治は、帰省し利根川の水で天来から洗礼を受け、クリスチャンになった。悦治は大正四（一九一五）年から七年にかけて二高のある仙台市で過ごした。大正六年に、内村鑑三の弟・達三郎が市内にあるキリスト教の尚絅女学校で教師をしていることが分かった。悦治は内村達三郎訳『イミタショ・クリスチ　基督のまねび』（岩波文庫）を読み、難解本を邦訳したのが、鑑三の実弟であることに尊敬と親愛の情をもったため、尚絅女学校へ達三郎の自宅を問い合わせ往訪した。悦治は「内村鑑三先生はわたくしの尊敬する叔父天来の親しい先生であるから、きっと何か温かい言葉をかけて貰えるし、研学の注意、信仰の話でも聴かせて貰える」と期待した。

緊張気味に自己紹介したあと、悦治は「わたくしの叔父天来は、先生の御兄様の内村先生と親しくしていただいておることを語った」。すると達三郎の口から「わしは天来さんは嫌いだよ。天来さんは知っているけれど、鑑三さんとあまり親しいのでわしは嫌いだ」と言い放った。悦治が度肝を抜かれ言葉に窮していると、「鑑三さんと親しくしている人はみな嫌いだ」と呟いた。さらに「あんたは知らないだろうが、鑑三さんってひどい人なんだ。わしは鑑三さんとは口もききたくないんだ」とつけ加えた。

第一回角筈夏期講談会に参加した内村鑑三（２列目中央）。その右は住谷天来（国際基督教大学提供）

じつは鑑三兄弟は仲が悪かった。達三郎ら弟たちは兄・鑑三を敵視していた。だから天来も、鑑三の追悼文のなかで「君（鑑三）に不利なることは、釈迦に提婆があったように最も仲の悪い弟があった」と達三郎を非難した。この話は、悦治が住谷天来伝を書こうとして準備した草稿にでてくるもので、公にされていない逸話である。

中央文壇で名声、一転牧師に

これまで述べたように天来は内村鑑三が最も敬愛した人物であったが、鑑三ほど群馬県民にその名が知られていない。そこで、第一回は天来の生涯を素描することにしたい。

住谷天来は明治二（一八六九）年二月十六日、群馬郡東国府村（高崎市）に生まれた。幼名は弥作（八朔とも書いた）。住谷家は、江戸時代初期に住谷総本家から分家し「角一（かくいち）」の屋号を掲げた。天来の父・弥平次、兄・友太の二代にわたり、横浜と往復し蚕種を売りさばいて資産を形成し、友太が当主の時には七百六十坪の家屋敷と五町歩の田畑を所有する地主であった。

兄の友太は福沢諭吉などの書物を多読し、国府村の村会議員や村長を歴任し、教育の重要さを熟知して国府小学校新築には多大な貢献をした。弟の天来は明治十八年、前橋の幽谷義塾で英語と漢語を学んだ。塾友にのちに新島襄の同志社に学び、大間々町に共立普通学校を創設した井上浦造がいた。成績は優秀で塾幹を務めた。翌年、前橋英学校が開校すると同校にも学んだ。

明治二十年に群馬県の進歩的な青年たちが結集して「上毛青年会」を組織すると、同会に参加し自由民権運動や廃娼（はいしょう）運動に奔走し、リーダー格のひとりとなった。翌年、県女学校の廃校を惜しみ、有力な県会議員であった高津仲次郎らがキリスト教主義の前橋英和女学校（のちの共愛女学校）を設立するとともに、前橋教会で不破唯次郎牧師から受洗してクリスチャンになった。不破は同志社出身で新島襄の愛弟子であった。

天来は明治二十三年上京し早稲田と慶応義塾で学んだあと帰郷し、上野新聞記者や共愛女学校で教鞭をとった。再び上京し麻生中学校で国語・漢学・英語を教えるいっぽう、同三十年訳書『英雄崇拝論』を警醒社から刊行した。同書はカーライルが執筆した名著として知られていたが難解であった。それをわが国で初めて全訳したことで、天来は明治の文壇で一躍注目されるようになった。

住谷天来の肖像画を、おいの完爾が描いている（住谷輝彦さん提供）

その後も、優れた英語力と漢語力で明治四十二（一九〇九）年、訳書『詩聖ダンテの教訓』（警醒社）、四十四年『孔子及孔子教』（同）などを刊行した。ところが、同年三月「住谷天来」と改名届けを提出し、キリスト教の伝道に身を投じる決意を固め、伊勢崎教会や甘楽教会（富岡市）の牧師となった。

大逆事件が絶った中央への道

住谷天来は、内村鑑三がうらやむほど漢学と英語の才能に秀で、訳書『英雄崇拝論』や『孔子及孔子教』を出版し中央文壇に認められながら、中央での活躍を断念し牧師になる決意を固めた。それは天来の人生の大きな転機であった。

天来の人生の転機は大逆事件と関係があった。明治四十三（一九一〇）年、幸徳秋水ら社会主義者が明治天皇の暗殺を企てたとして逮捕され、翌年一月「大逆罪」（刑法第七三条）により死刑に処された。天来は幸徳秋水らが発行していた『平民新聞』に寄稿したり、『社会改良家としてのジョン・ラスキン』などの著書があったりしたことから、幸徳秋水に親しく交わった人物として「思想犯保護監察」のレッテルを貼られてしまった。

天来は当時四十二歳という年齢で、人生で一番脂が乗っていた時期であったが、大逆事件の余波がその身を襲い大学教授などにもなれず、残りの人生を地方の牧師として過ごさなければならなくなった。天来の甥（おい）の住谷悦治は、天来が「思想犯保護監察」になったころ小学生であった。遊び疲れて家に帰ると、母から夜に天来叔父さんが来るからおとなしくするよう言われた。子供心に悦治は、どうして母は天来が家に戻ってくることを察知できるのか不思議に思った。当時は家庭に電話などはなかった。しかし、その理由は簡単なことあった。思想犯保護監察の天来は、その行動を警察がチェックしており、村の駐在は昼過ぎになると天来の帰省を確かめに来るからであった。

甘楽教会（富岡市）の牧師時代も警察の監視は続いた。まず一回目は在宅しているか聞く。二回目は刑事と天来の家族とがお互い見合って笑う。三回、四回目と重なるとだんだん心安くなって刑事はお茶などを飲んで世間話をして帰る。天来夫人が「毎日ご苦労様」と言えば、刑事は「いやどうも言い付けなので」と頭をかいた。天来の家族は、毎日チェックにやってくる刑事を「盗難除け」に思って親しくした。

住谷天来（後列右から３人目）と兄友太（同右から２人目）、おいの悦治（右端）ら親族（住谷輝彦さん提供）

そんな天来の生活ぶりを東京帝国大学へ入学したころの悦治が朝日新聞に投書した。『社会主義嫌疑者のために』という題名で、悦治の日記をみると大正七年七月二十四日に投函されている。投書は最後に「叔父は決して社会主義の嫌疑を受けるべき人ではない。全くの平和論者である。未だかって一度も皇室に対して奉り不敬な言動をしたこともない。いたずらに忠君愛国で旗を振り、街頭を闊歩する連中より、より真面目な憂国の士である」と抗議している。

墨子の思想　非戦論の根底に

住谷天来は明治三十六（一九〇三）年に内村鑑三の主宰する雑誌『聖書之研究』第四十六号に「墨子の非戦主義」を発表した。同論文は『万朝報（よろずちょうほう）』にも『平民新聞』にも掲載され、内村鑑三・幸徳秋水らとともに日露戦争の時には非戦論を説いた数少ない論客であった。したがって、今日、住谷天来というと平和・非戦論者として知られている。一般的にキリスト教的非戦論者と称されているが、天来の非戦論の特色は、中国の諸子百家の一人である墨子の兼愛主義とそこから導かれた非戦論を根底において展開されたところにあった。

墨子は、孔子と同じ魯国に生まれ、年代でいえば紀元前四七〇年ごろから三九〇年までの間の人で、ちょうど孔子と孟子の中間に位置している。儒学を学んだが、儒教の仁愛と礼楽では春秋戦国の乱世をよみがえらせることはできないと考え、儒門を去ってみずから一派を開いた。最初の有力な反儒教の思想家であった。思想の中心には兼愛があった。世界が戦乱に襲われるのは、人々が互いに愛し合わないことによる。大乱を防ぐには世界の人々を広く愛し合うようにさせねばならない。家族愛を主とする儒教の立場を乗り越え、無差別平等の愛を目指した。

重要なことは、それが家とか国家とかの枠を突き破った広い立場にあることであった。兼愛思想は当然ながら国家間の戦争を否定する非戦思想へと展開した。他人の家に忍び込んで所有物を奪ったり、罪もない人を殺して追い剥ぎを働いたりすれば処刑にされる。ところが、他国に戦争をしかけた場合にはそれを非難するどころか、正義の行為だといって賞賛すると、戦争の罪悪を道義的立場からえぐり出した。

住谷天来は書にも優れ、奔放な筆遣いだった＝高崎市（住谷輝彦さん提供）

天来が墨子を高く評価した理由は二つ考えられる。一つは、天来自ら「我々はキリストの使徒として厭く迄、平和非戦論を提げ、之を徹底的に海の内外に実現したいものである。此点に於て墨子は、我々に取りて尤も善き聖雄的先覚者として、亦殆どキリストと同じ思想を有った一世の予言者たることを見る」。「東洋の賢士たる墨子の心中、早く既にキリストの面影を見」た、と述べているように、墨子の説く「兼愛」「非攻（非戦）」「天志」の教えにキリストの教えを見たからである。

なお、墨子については、『世界の名著10　諸子百家』（中央公論社、昭和四十一年）によった。

世襲撤廃願い　孔子を批判

住谷天来が、中国の諸子百家の思想家の一人である墨子を高評価した二つ目の理由は、墨子の世襲的な貴族制の撤廃を求める進歩的な考えに共鳴したからではないかと考えられる。天来は漢学、英語を学びながら自由民権運動に熱中した。同運動が「薩長藩閥」の有司専制政府に対する民主化闘争であったことは周知のことであるが、それは墨子の説く理想と同質のものであった。

「貴族・血縁者・側近者だけに頼る政治はよくない。身分のいかんを問わず、たとえ農民や工人でさえ、有能な正義の人であれば、必ず高い爵位と重い俸禄（ほうろく）を与え国家の大事を行わせるべきである。官位が一定の貴族に占められることがなく、庶民がいつもきまって賤（いや）しいということがないのが理想である」

「徳のある者を上位につけよ」と説いた孔子は、すでにそのさきがけであったが、家族制度に立脚する儒教は、世襲制の完全な撤廃は主張できなかった。墨子の家の枠を超えた立場は、墨子自身が名門名族の出身でなかったことによるといわれている。墨子とその思想は、住谷天来がたぐい稀（まれ）な才能を持ちながら、明治の国家体制下においてエリートとしてではなく、キリスト者として在野に生きることに対する解答ではなかったかと思われる。

天来はキリストと並んで墨子を高く評価したが、それゆえ、孔子とその教えを批判した。明治四十四（一九一一）年に刊行した『孔子及孔子教』はそれを集大成したものであった。

同書には内村鑑三が「余の友人住谷天来は其性来の質より謂ふも、亦其学問の性質より考ふるも純粋の漢学者である。然るに此人が孔子を師と仰がずにナザレ人イエスの弟子として事ふるのである。余が特に君を敬する所以も亦茲に在ると思ふ」という序言を寄せた。同書は鑑三だけでなく、朝比奈知泉・内田不知庵・黒岩涙香・堺利彦・河上肇・賀川豊彦らの注目するところなり再版を重ねたが、出版社が関東大震災にあって絶版になったものの、昭和十（一九三五）年、新生堂から三版された。

榛名富士を前にした住谷天来（黙庵詩鈔から、住谷輝彦さん提供）

天来は「世の中に誠の大道は只一筋あるのみ。神といひ、仏といふ、皆同じく大道に入るべき入口なり。学問は活用を尊ぶ。万巻の書を読むとも活用せざれば用はなきなり」という二宮尊徳の言葉を紹介し、「長短を判じ無用の事は捨て、有用は取り」「世を救ひ時を益する道を講じてこそ学問の本旨」との立場から、孔子とその教えの長所と短所を分析している。

上州四人　孤高の非戦論

住谷天来は、日露戦争後も墨子の非戦論を紹介しながら、平和論の論陣を張った。

「墨子の非戦論と兼愛主義」（『上毛教界月報』三〇三号）は、大正十二（一九二三）年十月、桐生教会でおこなわれた文芸講演会の要旨をまとめたものであった。そこで、天来は第一次世界大戦、そして関東大震災のときに発生した朝鮮人への虐殺を「野蛮極まる獣性の跳梁（ちょうりょう）」と激しく批難した。

「墨子の宗教」（『聖化』六号）は、田中義一内閣が原敬内閣以来の外交方針であった協調外交（対中国不干渉政策）を放棄し、武力外交に転じた山東出兵（昭和二〜三年）という現代史の分岐点に「各国の君主が天意に由（よ）りて自己の為（な）す処（ところ）を正したなら世に紛争や戦いは無い筈（はず）である」と、昭和の幕開けが誤った方向へ進みつつあることへ警鐘を鳴らしたものであった。

「平和の基」（『聖化』一一四号）などは、昭和十一（一九三六）年のムッソリーニのイタリアによるエチオピア侵略、ヒトラーのドイツと日本との日独防共協定の締結という、イタリア・ドイツ・日本が新世界の新秩序を主張して結びつき、三国枢軸を形成するに至る世界情勢に対して、「墨子や基督（キリスト）の心血を注いで戒めた本街道に立ち還（かえ）らねばならぬ」と主張したものであった。

よく知られているように、日露戦争前は国民の多くが主戦論を支持した。わずかに平民新聞が非戦論を唱えたことや与謝野晶子が「君死にたまふことなかれ」という厭戦（反戦）詩を書いたりした。こうした風潮にあって、群馬県関係者では、内村鑑三、住谷天来、柏木義円、深沢利重が非戦論を説いた。深沢は前橋市の製糸家でロシア正教会員であった。

筆者がかつて吉井高校の教壇に立ち、「群馬学入門」という授業をしたときに、群馬県の歴史や自然、文化などを学習した成果の上に『平成版・上州かるた』をつくることにした。生徒たちは、日露戦争時に非戦論を説いた内村鑑三、住谷天来、柏木義円、深沢利重らの勇気に感動し、四人のことを詠み込みたいと思うに至った。

「平成版・上州かるた」は、俳句を作るような感覚で、季語（題）の代わりに郷土の風物などを読み込もうと「五・七・五」調にした。四人の名前を詠み込むことは不可能で、何とか「非戦唱えし／上州魂」という文句が出来上がった。上の句は筆者が「屡次（指折り数えること）孤高」という言葉を提案し、「屡次孤高／非戦唱えし／上州魂」となった。

吉井高校の生徒たちと作った「平成版・上州かるた」

『聖化』を願い 文書伝道

明治四十五（一九一二）年、伊勢崎教会牧師となった住谷天来は、大正七（一九一八）年には甘楽教会（富岡）牧師に招かれた。昭和九（一九三四）年、病気により牧師を辞任するまで約十六年間にわたる甘楽教会での活動は、キリスト者として最も充実したものであった。

活動の中心は昭和二年から発行した『聖化』であった。『聖化』は月刊のタブロイド判二つ折り新聞紙型の雑誌で、その名前は「文化の衰頽（すいたい）と文明の没落に際して日々悪化する人心を救うべく、奮然時代に反抗し、社会と人心を善化純化し、さらに聖化」することを目的に名づけた。個人雑誌によってバイブルを説いたので「文書伝道」といわれているが、碩学（せきがく）の人・天来は人生論を説き、社会・時局批評をなし、漢詩・和歌・訳詩も掲げた。

『聖化』は、編集兼発行人が天来、印刷人が朝江（ともえ）（夫人）、発行所は富岡町三十一番地聖化社（甘楽教会）であった。九七号からは天来が高崎市へ移ったため、高崎市赤阪村三六九となり、一三三号からは町名変更により高崎市昭和町二一九となった。印刷所は前橋市の上毎印刷株式会社であった。定価は一二八号（昭和十二年八月）まで五銭、次号から九銭となった。

『聖化』は広告欄を設けた。広告料と広告依頼者を調査してみると、一回につき平均二十件の広告が掲載され、七十円から八十四円の収入が見込めた。『群馬県統計書』によると昭和二年当時の男子現業員の日給が一円四十五銭であった。『聖化』を支えた広告依頼者は、①甘楽教会員（堀田屋・入山喜三郎・入山春太郎・宮前信次郎ほか）②県内のクリスチャン（徳江医院・柴田医院・正木医院ほか）③富岡町（市）及び周辺の医師・商店④県外のクリスチャンなどの支援者に分類することができる。

注目されることは、まず、広告依頼者六十五人のうち二十六人（40％）が開業医であった。これは、甘楽教会執事の斎藤寿雄が群馬県医師会長であったためであろう。次に富岡町及び周辺の商店関係者が昭和五年九月の四十五号から姿を消していることである。この点は、昭和恐慌が同地域へも直撃したことを物語っている。広告依頼が伊勢崎・桐生・中之条・前橋周辺からあるのは、各教会で説教や講演会を行い、天来を敬愛する信者が生まれた成果であった。

伊勢崎教会で牧師を務めていたころの住谷天来（右）と家族（住谷輝彦さん提供）

『群馬県統計書』には昭和六年までの県内発行の新聞・雑誌の発行高が収載されている。『聖化』は昭和五年までは柏木義円の『上毛教界月報』を凌駕（りょうが）する勢いで発行された。

『聖化』発禁処分…廃刊に

住谷天来の甘楽教会での活動の中心は『聖化』であったが、「知の宝庫」というべき人であったため、公的な機関に講師として招かれるようになった。

『甘楽教会日誌』で確認すると、大正八年から昭和八年までの間に、富岡警察署・高崎警察署や名和村（伊勢崎市）、下仁田町、秋畑村（甘楽町）、富岡町（市）、小幡町（甘楽町）、高田村（富岡市）、新屋村（甘楽町）、高瀬村（富岡市）、西牧村（下仁田町）などの教育会、学事会、処女会、青年団に招かれ講演を行った。

大正十（一九二一）年五月七日に高崎警察署で行った講演会は、演題が「人格の完成」、対象が「管内警部巡査七〇余名」であった。また同十五年一月十六日に富岡小学校学事会で行った講演は、演題が「宗教と教育」、対象が「七校の小学校教員、高等女学校長・中学校長ら二百名」であった。

天来は「思想犯保護監察」で、警察からその行動がチェックされる身分であった。それがどうしたことであろうか。第一次世界大戦も終わり、大正デモクラシーの時代を迎えると、富岡警察署や高崎警察署でも講師に招かれ講演を行うようになった。

住谷天来という人の碩学ぶりを称えなければならないが、と同時に、「思想犯保護監察」の人物を講師として招くことを決断した、当時の警察当局や学校関係者もほめなければならない。

しかし、昭和十四（一九三九）年になると『聖化』は発禁命令を受け、六月五日一四九号をもって廃刊となった。高崎警察署に呼び出された天来は、次のように告げられた。

「兎に角、君の唱ふる理想の如き、八紘一宇とか万国平和とかは古今の歴史を通じて未だ曾て行はれた例しのない事ではないか？　而して現代は現代に順応して処さねばならぬ。然るに之に反する君が『聖化』の説の如きは単に有害であり、無益であるのみならず、所謂『危険思想』である、危険思想は現下の禁物」

『聖化』の復刻版（住谷輝彦さん提供）

天来が高崎警察署で講演をしたのが大正十年、同署に呼び出され『聖化』の発禁処分を受けたのが昭和十四年、この間わずかに十八年である。世の中の空気というものは、二十年の歳月があれば一変するものなのであろう。

戦争を起こしたのは国家指導者であるが、時代の空気を創り上げたのは国民である。天来を警察署の講師にしたのも、『聖化』を発禁処分としたのも、そうした空気を国民が創り上げたからである。今こそ、ここから学ばなければならない。

「黙養」を実践 心境を漢詩に

住谷天来が『聖化』を廃刊させられたのは昭和十四（一九三九）年で、亡くなったのが同十九年であるから、最晩年の五年間はまさに「世捨て人」のような立場に立たされた。そのときの心境を詠んだのが次の漢詩である。

住谷天来号黙庵／終日黙兮終夜黙／仰天黙兮俯地黙／見山黙兮見河黙／見花見月見雪黙／黙々々々何夫悠／悠々天地本黙々／人生只有学一黙（住谷天来、黙庵（もくあん）と号す／終日黙し、終夜黙す／天を仰ぎて黙し、地に伏して黙す／山を見て黙し、河を見て黙す／花を見て、月を見て、雪を見て黙す／黙、黙、黙、黙、黙、何ぞそれ悠なり／悠々たる天地、もと黙、黙／人生ただ一人、黙を学ぶにあり）

『聖化』を危険思想の理由で廃刊に追い込まれた天来は「黙庵」と称した。これも漢学の高い教養に裏付けられた天来の反時代的な態度であったことが分かる。儒教の伝統には「黙養」という修行がある。まず、一日黙する。それができたら、三カ月黙する。ついに三年黙して、一語も発しない。三年黙していられれば、大変な人物ということになる。天来は「黙養」を実践し、昭和十九（一九四四）年一月二十七日に病没した。

天来は甘楽教会牧師を隠退すると、高崎市の堀口栄蔵夫妻の世話になった。『聖化』もそこから発行し、亡くなったのも同所であった。この黙庵時代に伊勢崎の支援者・平田吾郎に宛てた書簡の中で、当時の状況をつぎのように語っている。「御承知の通り重態の病人（朝江夫人）はあり、老体にて一定の収入とてはなく、孤独と貧窮との屯底にありて困り抜いて居りました処が、天は私を（不徳なる私）を恵んで、不測も聖化の廃刊と共に天下の具眼の人々から翕然として同情と哀惜と激励の手紙に添へて沢山の金品を送られ（略）それが為めに、一脈の血路を開いて、生活費も滞在費も治療代も何の心配もなく、悠々閑日月を送り乍ら（略）老さき短き身を安らかに憩はせ居候」

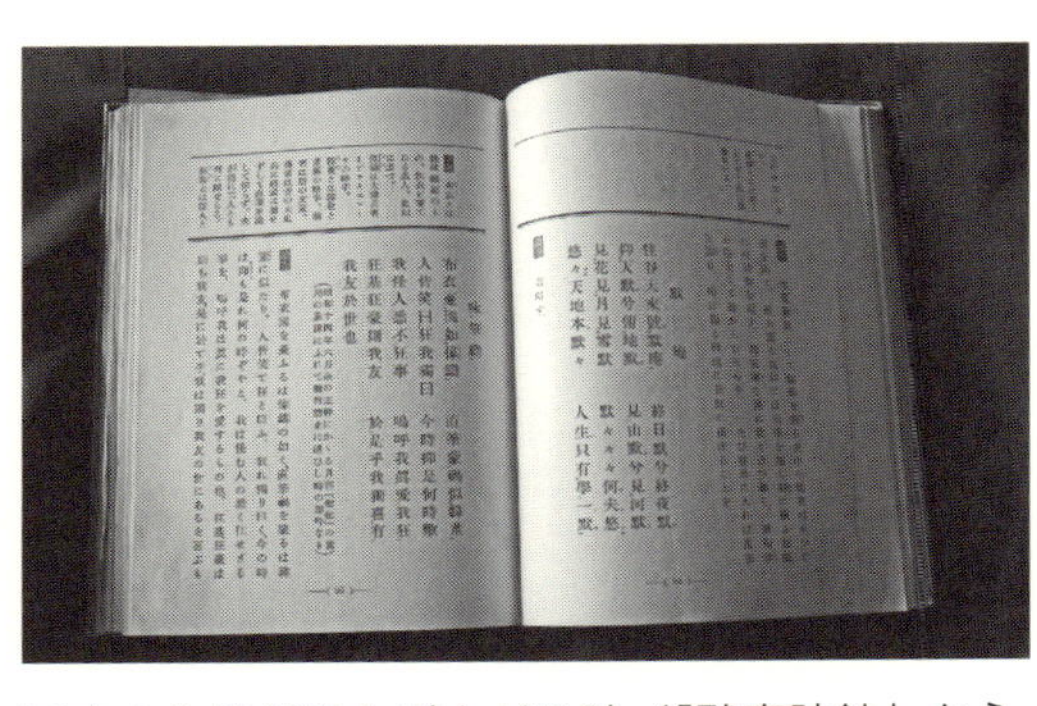

天来の心境が浮かび上がる詩（「黙庵詩鈔」から。住谷輝彦さん提供）

天来の亡骸は荼毘に付され、「わが霊は天に帰るが、わが骨は利根川に投げよ」の遺言により、甥・住谷悦治の手で利根川に散骨された。墓は住谷家墓地に建てられた。天来を敬愛して面倒を見た堀口夫妻が建てたものである。碑には次の文章が刻まれている。「天来先生が亡くなられてその後そのままになっているので、先生の御徳を慕ひ、将来先生の御弟子に依って立派なものが建てられるまで、一時的にこのさゝやかな碑を建てさせていただきました。堀口」

書にも才 東西古典を揮毫

住谷天来は碩学の人であった。説教を聴きに行った青年は、天来が説くバイブルより、ゲーテやダンテなどの西洋文学の話や英語などに魅了された。桐生工業高等専門学校（群馬大学工学部）など各種団体が主宰する文芸講演会に招かれたり、甘楽教会牧師時代には青少年を対象に無料で英語を教えたりしている。その才能は書にも発揮された。

天来は子供のころは病弱であった。当時、国府村（現高崎市）周辺では「御嶽教」が盛んで、天来も村人に連れられ御嶽山に登って健康祈願した。御嶽信仰にあつい村人たちは「御嶽大明神」と刻んだ石碑を建てた。裏面に寄進者百九十八人の名が刻まれた。これを揮毫したのが少年の天来であった。天来は幼少のころから村人に名筆と認められていた。

筆者は群馬県史編纂室事務局に勤務したことがある。仕事は近現代通史編の編集であった。書道部門は書家の横堀艸風氏が執筆を担当された。横堀氏は群馬県を代表する書家であるが、一方で、誰からも愛されている『登利平弁当』の文字を書いた人としても有名である。同氏は『群馬県史通史編9 近代現代教育文化』（書道）の中で、群馬県出身者で専門の書家以外で、大正・昭和前期にその書名を知られた人物として、住谷天来ら次の十二人を挙げている。

須藤泰一郎（歌人・前橋市）、高橋香山（俳人・同）、松野自得（俳人・同）、井上浦造（教育者・同）、村上鬼城（俳人・高崎市）、吉野秀雄（歌人・同）、松村琴荘（漢学者・同）、住谷天来（宗教家・同）、磯部草丘（日本画家・伊勢崎市）、田山花袋（小説家・館林市）、小室翠雲（日本画家・同）、荒木寅三郎（教育者、医師・安中市）

これら十二人の書のなかでも、天来のものは異彩を放っていた。天来は中国の漢詩も、佐藤一斎ら日本の学者の漢詩なども漢字にして揮毫したが、ゲーテなどの西洋の名言・格言なども揮毫した。たとえば、ゲーテの名言「星の如く急がず、しかも休まず」を「不急不休」と書いた。自らの漢詩は、ダンテは「断天」、ゲーテは「芸天」と表記し、東西の古典を縦横に引用し創り上げ、それを見事な筆致で墨痕鮮やかに書き上げた。

上）住谷天来揮毫の「不急不休」　下）旧約聖書のモーゼの十戒も残した＝いずれも富岡市（甘楽教会提供）

おいの住谷悦治は若い時分に、自分の墓の文字を書いてほしいと願い出た。「まだ早かろう」と天来は言ったが、無理に「住谷芳江悦治之墓」と書いてもらった。戦後になって悦治は、「新島襄之墓」（若王子山頂）が自然石に刻まれているのにならい、自然石に天来の墓写を刻んだ墓をつくった。

顕彰碑を建立　表に直筆漢詩

戦時中には、住谷天来は忘れられた存在となった。敗戦後に南原繁が群馬会館（前橋市）で講演をした。冒頭で「上州に入ったときに思い出したのは内村鑑三と住谷天来のお二人である」と述べたときに、内村鑑三の名は分かったが、住谷天来がいかなる人物であるか知る者はいなかった。その後、高崎高校から講演を依頼された矢内原忠雄は「内村鑑三と住谷天来」という演題にした。このときも、教員やＰＴＡ役員は天来の名を知らなかった。

南原繁も矢内原忠雄も東京大学総長になった人物で、ともに内村鑑三の門下生であった。住谷天来は南原と矢内原によって、戦後の平和主義・民主主義社会をつくろうとした敗戦直後の時代に存在が注目され復権した。郷土史家で群馬県議会図書室長であった萩原進が、『上毛新聞』（昭和二十六年九月二十二日）の文化欄に「自由のために戦った人々」という連載をしたときに、住谷天来について書いたものが小伝の最初となった。

住谷天来を敬愛する須田清基（牧師）や角田儀平治（弁護士）らが中心となって、昭和五十三（一九七八）年に「住谷天来顕彰会」が誕生した。同会は同五十六年利根川畔（前橋市石倉町）に顕彰碑を建立した。表面には天来の次の直筆漢詩がブロンズにしてはめ込まれた。

愧我学道不超群佛／耶之教断藝文斯／身未有病帰處恰／似長空一片雲／一片雲繫浮長空浩／々虚舟路無窮悠々／自適何似我舵手托／有大能中　述懐／住谷天来

この漢詩の読みは住谷悦治が次のように教えている。（愧づ我れ道を学び群に超ぜざるを。仏耶の教え断芸の文。斯の身未だ痛みて帰する処あらず。恰も似たり長空一片の雲。一片の雲繋りて長空に浮く、浩々虚舟　路窮り無し。悠々自適、何ぞ我れに似たる。舵手は托して大能の中に有り）。「佛耶」は仏教とキリスト教、「断藝」はダンテ（断天）とゲーテ（藝天）のことで、天来は病弱で三十歳までは生きられないといわれたという。天来は音吐朗々と特有の節をつけ、自らの人生を詠み込んだこの漢詩をうたったという。

利根川を背に立つ住谷天来の顕彰碑＝前橋市石倉町

須田清基はその意味を次のように訳した。「私は愧ぢている。それは道を学んだが、群を越えることも出来ず。仏耶の教えも聞いたが、まだダンテやゲーテを捨てることも出来ない。わが病は癒えず帰る所もわからない。恰も長空一片の雲のようであり、また洋々たる海に浮ぶ小舟の様で、悠々自適する自分の生活によく似ている。凡てを舵手である大能の御手に托せる」。

碩学の人・住谷天来 11

地位なくとも周囲は「先生」

天来は地方の牧師としてその生涯を終えた。内村鑑三がうらやむほどの才能がありながら、社会的に高い地位につくことがなかった。その理由はすでに述べたように、大逆事件の首謀者とされた幸徳秋水と親しい人物と疑われ「思想犯保護監察」の烙印(らくいん)が押されたからであった。しかし、天来が伊勢崎教会、甘楽教会牧師として活躍したことにより、群馬県の近代史は中身の濃い充実した歴史を刻むことができた。それは危険人物の烙印を押されたが、碩学(せきがく)の人であった天来を多くの県民が敬愛し受け入れる土壌があったということで、それこそ群馬県の誇りとすることである。

幼くして神童と呼ばれた天来が、翻訳や研究などの活動を自由に続けられたのは、兄・友太、軟(なん)夫妻の物心両面にわたる援助のおかげであった。夫妻は天来を尊敬し、住谷悦治や住谷磐根(いわね)らの子供たちに特別な存在であると教えた。画家となった磐根の回想は、「父と兄弟であることは母から聴かされていたが、父と叔父は、どちらが兄でどちらが弟であるか判(わか)らないまま、私は〝いらっしゃいませ〟と座って両手を畳の上に揃(そろ)えてついて挨拶(あいさつ)」させられ、「母はこの叔父天来が義弟に当たるわけですが、平素大変尊敬して居た。叔父がお風呂に入る前に乱れ箱に父の外出用の衣類をたたんで入れて、〝お出になられたら、これを召くださいᷮ」というふうであった。住谷一族では、天来を呼ぶのに「天来さん」あるいは「天来先生」であった。

周囲の人々も天来を特別な人として扱った。驚くことに、その行動をチェックに来る国府村の駐在も「先生は戻りましたか」と、危険人物のレッテルを貼られた天来を「先生」と呼んだ。

住谷天来ら家族の墓＝高崎市

天来夫妻の晩年の面倒を見たのは、雑誌『聖化』の全号に広告を出して、その活動を支援した高崎市の堀口栄蔵・キミ夫妻（堀田屋）であった。夫妻の御子孫にうかがったところによると、「私どもは、天来先生を戦時中にお世話したわけですけれども、家族のものは麦飯などを食べましたが、天来先生に麦飯などはお出しできないと、何とかして白米を食べていただきました」というように、家族を犠牲にしても丁重に扱った。

「思想犯保護監察」のような危険人物の烙印を押されれば、冷遇したり、避けたりするのが世の常で有る。しかし、天来は社会的な地位・肩書でなく、人間そのものが畏敬の対象であった。

第4章

地域を盛り立てる志

群馬学の祖・萩原進

郷土愛を原動力に研究

群馬学をはじめ、地域学・地元学が全国的なブームである。文部科学省が大学に研究、教育と並んで「地域貢献」を求めるようになったため、地方の大学を主な担い手として活動が展開されているが、そのルーツは戦前の郷土学・郷土教育に求めることができる。

群馬県の郷土学や郷土教育に貢献した先人はたくさんいるが、萩原進こそ群馬学の祖というべき存在ではないかと思う。

萩原は大正二（一九一三）年、長野原町に生まれ、昭和九（一九三四）年に県師範学校（現群馬大学教育学部）を卒業。教員生活を始めたが、結核が再発し、長野県小諸町（現小諸市）の病院へ入院した。入院中、同室の信州人たちが郷土に強い誇りを持っているのに胸を打たれるとともに、長野県の風物や歴史を群馬県と比較して自慢するのに義憤し「よし、上州の歴史研究を生涯の仕事にしよう」と、病の床で誓った。

大学からの要請を断り続け、「わしは町の学者。庶民の歴史の究明と郷土愛の振興が究極の願い」と、独学で何でも勉強。研究は歴史、考古、民俗、文学、芸術とあらゆる分野に及んだ。県議会室図書室長、前橋市立図書館長などの公職を歴任しながら、県内の文化運動にも東奔西走。「群馬県の生き字引」と敬愛され、百八十二冊の著作、編著を残した。

人一倍の郷土愛を原動力に、一晩で四百字詰め四十枚も書き上げたという、厳しい孤独な努力を積み重ねた萩原の、教育者として温かい人柄を伝える逸話がある。二十八歳で桃井尋常小学校（前橋市）の六年二組（進学学年）を担任したときに、夜毎に児童をグループ別に自らの下宿に呼び、研究の傍らで勉強の指導をしたという。

萩原進が亡くなったのは平成九（一九九七）年一月二十日、八十三歳であった。葬儀は雪の降る二十二日に行われた。告別式に参列できない桃井小の教え子は、その時刻に合わせ、県内外や海外でも黙とうをささげた。

伊藤信吉（詩人）は「私はずっと以前にお宅へ参ったことがあります。そしてすさまじい書冊の重なりに、息をのむような驚きをしたことがあります。ああいう本の山の中で、もう一度雑談したいものですが、それはもうダメ」と、その死を悼んだ葉書を、ふみ夫人に書き送っている。

私は県史編さん室勤務以来、萩原進先生の謦咳に接したが、文中の敬称は省略させていただいた。この連載では故人は敬称略としている。

書斎で資料に囲まれた萩原進
（萩原成基氏提供）

森村茂樹と「伊勢崎西瓜」

「美味で薬」ジュースも名産化

この時節になると、伊勢崎市の旧赤堀町の国道50号沿線には、スイカの直売所がオープンする。今では群馬県の風物詩で、本県でスイカといえば、赤堀か藪塚（太田市）が有名である。そこで、今回はそのルーツ「伊勢崎西瓜（すいか）」についてお話ししよう。

そもそも、「伊勢崎西瓜」は、大正時代、佐波郡長・同郡農会長であった石川泰三が、郡内町村の農業振興のため、同郡役所の産業技師として森村茂樹を招聘（しょうへい）したことに始まる。

森村は、佐波郡宮郷村（伊勢崎市）に生まれ、前橋中学校（前橋高校）から東京農業大学へ進み、学長・横井時敬の薫陶を受けた。横井は老農・船津伝次平の高弟であった。

横井学長の推薦で、明治四十二（一九〇九）年に二十五歳の若さで千葉県立多古農学校の校長に就任。大正四（一九一五）年には埼玉県農事試験場技師となったが、石川に呼び寄せられ帰郷した。石川は生涯を佐波郡のために捧（ささ）げた人で、その胸像が伊勢崎市役所前に建っている。

森村の指導により、スイカ栽培は昭和三（一九二八）年から本格化した。森村の六女秀子さん、七女尅子（かつこ）さんは「子どもの頃、スイカばかり食べさせられ、種の採取に協力させられた」という。甥（おい）の森村恒之さんは、当時、東武伊勢崎線で県立太田中学校（太田高校）へ通学していたが、沿線にはスイカ畑が広がっていたと話している。

　東京市場への出荷は同四（二九）年からで、郡内で生産するスイカを「伊勢崎西瓜」と命名し、伊勢崎駅から特別列車で共同出荷する方法をとった。また、三郷村（伊勢崎市）の医師・吉澤惟雄医学博士の協力を得て、シロップの製造に取り組み、同六（三一）年に「西瓜ヂュイス（ジュース）」が完成した。

「西瓜ヂュイス」と書かれたレッテルには吉澤医学博士が監修した次の効能書きが印刷された。「美味で薬になる西瓜ヂュイスは優良なる伊勢崎西瓜果汁で製せる芳香美味の滋養飲料で特に腎臓病、脚気病により起これる水腫症に卓効あり」。

　「伊勢崎西瓜」「西瓜ヂュイス」の名産化に成功すると、農家で西瓜の皮から汁をとって美顔用に利用していることにヒントを得て、化粧品製造にも成功した。ヘチマ水に劣らぬ西瓜化粧水を利用したコールドクリーム、ポマード、石鹸、歯磨きなどの製品が誕生した。

　戦争により、こうした事業は中断され、戦後に引き継がれることはなかった。だが、群馬県のブランド力が問われている今日、先人の努力こそ学ぶべきであろう。

伊勢崎西瓜の栽培を指導した森村茂樹（森村秀子さん提供）

飯塚志賀と冬桜

無税村実現へ大規模植樹

毎年、藤岡市三波川の桜山公園では冬桜が見事に咲き誇り、同地を訪れた人々を楽しませる。この冬桜は、多野郡三波川村（藤岡市）の村長であった飯塚志賀（安政六～大正十二年）が、日露戦争の戦勝記念に国有林を村に払い下げてもらい、山腹に杉、山頂に桜を千本植えたところ、桜の半数が毎年十一月中旬から十二月上旬まで咲き誇り、「寒梅、寒牡丹（ぼたん）、寒菊はあるが、寒桜は珍しい」と評判になったことに始まる。

昭和五（一九三〇）年に上毛新聞社が県民から「お国自慢六選」を募集すると、「三波川村の寒桜」が選ばれ、日本電報通信社発行の「全国御国自慢」に登載され、本県を代表する新名所となった。

村では十二月一日に村民一同の慰労を兼ね季節はずれの観桜会を開き、和気藹々（わきあいあい）に村長が一年間の村政報告や今後の方針を説明したり、各種の意見交換をしたりするようになった。

同十二年には国の名勝及び天然記念物に指定され、同二十二年に誕生した「上毛かるた」にも「三波石とともに名高い冬桜」と詠み込まれたが、同四十八年に山林火災が発生し、大半が焼失してしまうという悲運に見舞われた。しかし、地元の人々が苗の育成や植樹に成功し、再び群馬の名所として輝いていることは、素晴らしいことである。

この冬桜とともに、ぜひ語り伝えたいことがある。それは、次のような飯塚志賀の志である。飯塚村長が桜山に大規模な植樹を始めたのは、それを村有財産として活用し、無税村を実現するためであった。「無税」といえば、松下幸之助が唱えた「無税国家論」が有名で、松下が私財を投じて創設した政経塾の一期生が野田佳彦総理大臣である。同総理は十一月二十二日の衆議院財務金融委員会で、『無税国家論』をどう思うか」と問われたところ「私は松下さんの弟子だが、今は財政状況がまったく違う」と答えたという。

確かに、「千兆円近い借金の山がある」現在と松下が無税国家論を唱えた高度経済成長期とでは状況が違う。しかし、飯塚が無税村をめざした日露戦争後と今は時代状況がよく似ている。

桜山の頂上近くに立つ「飯塚志賀翁之像」＝藤岡市

日露戦争後のわが国は、調達した膨大な戦費の返済や戦後経営のための経費で、国民は増税を強いられ、国家・地方財政とも窮乏を極めた。しかし、そんな時代状況だからこそ、飯塚は無税村を目指した。これが政治である。

立派な髯（ひげ）の飯塚は「三波川将軍」と敬愛された。「三波川の冬桜」を政治家の原点として語り伝えたい。

下村善太郎と桜

私費で植樹　前橋公園整備

桜の話題をもうひとつ。群馬県庁北側の前橋公園は桜の名所として知られている。同公園は初代前橋市長となった下村善太郎が、市民の「慰安場所」として公園化したもので、明治の初めは草原で狐（きつね）が飛び出そうな寂しい場所であった。

善太郎は文政十（一八二七）年、前橋に生まれた。幕末に横浜が開港すると、中居屋重兵衛（嬬恋村出身）と生糸輸出の尽力。生糸商店「三好善（みよぜん）」の経営に従事するとともに、生産会社（金融機関）や昇立社（製糸会社）を創立し、巨額の富を築いた。関東の巨商富豪として全国に「三好善」の名が鳴り響いた下村家には、当時八つ蔵があり、その内の一つが小判蔵で、長男の善右衛門（のち衆議院議員）は幼少期に小判の中で遊んだという。

明治九年、群馬県（第二次）が成立し、高崎に県庁が置かれたが、善太郎は率先して巨額の私財を投じて運動を行い、県庁の前橋誘致に成功。その後も、全財産を県都前橋のために使い、近代前橋繁栄の基礎を築いた。それゆえ、明治二十五（一八九二）年、前橋に市制が施行されると、初代市長に推された。

市長に就任した善太郎は、前橋公園事業に着手した。第一弾として私費を投じ、わざわざ全国的に桜の名所である京都や吉野（奈良県）から苗木を取り寄せ植樹した。今も残る公園内の堤の古木は、善太郎が取り寄せた桜である。ところが、善太郎は桜が立派に成長するのも、公園が完成するのも見届けぬうち、翌二十六年六月四日、発病し急逝した。

明治四十三年、有志が善太郎の功績を永遠に表彰し、徳行を後世に伝えるため銅像を公園正面の堤上、桜の下に建設した頃には、前橋公園は桜の名所として知られるようになった。現在、県庁前の前橋市役所入り口に立つ善太郎の銅像は、前橋公園の銅像が戦時中に供出されたため、昭和五十八（一九八三）年のあかぎ国体をきっかけに再建された二代目の銅像である。

さて、平成二十四年は前橋が市制を施行して百二十年の記念すべき年であった。そこで、提言をしたい。公園内の堤の桜を「善太郎桜」と命名し、前橋公園を中心に敷島公園から市街地まで、一帯に桜を植樹して、高遠の桜（長野県伊那市高遠町、約千五百本）、高田の桜（新潟県上越市、約四千本）、弘前の桜（青森県弘前市、約二千六百本）と並称されるような全国級の名所にし、多くの人々を誘客、前橋市を活性化しては如何（いかが）であろうか。

前橋市役所前に立つ下村善太郎の銅像

第5章　日本を牽引した人々

福田赳夫にみる郷土

「郷土の宝」を「日本の宝」に

七月五日は福田赳夫元首相の命日である。平成七(一九九五)年に九十歳で亡くなった。福田は群馬郡金古町足門(現在の高崎市足門町)の生まれで、幼少のころから神童の誉れ高く、県立高崎中学校(現高崎高校)の恩師・中曽根宇内によれば「秀才中の秀才」であった。父・善治は、その成長が楽しみで、第一高等学校に合格すると、衆議院議員・木檜三四郎に指導を願い出た。福田家は祖父も父も金古町長を務め、憲政会—立憲民政党に所属した木檜の有力な支持者であった。

わが国の近代教育制度において、旧制高校進学者は二十歳男子人口で見た場合、百人に一人を超えることはなかった。旧制高校生は「針の穴」を通った希少な存在で、社会で畏敬のまなざしで見られ「郷土の宝」であった。ほとんど帝国大学へ進んだが、東京帝国大学の威信が高く、なかでも第一高等学校を経由した者が、正系のエリートであった。

木檜は、福田を江木翼に紹介した。江木は山口県生まれで、東京帝国大学から内務省を経て、桂太郎・大隈重信・加藤高明内閣で書記官長を歴任し「民政党の知恵袋」と言われた。同党の歴代総裁の信任が厚く、司法大臣、鉄道大臣を務め、有力な総理・総裁候補であった。江木は昭和七（一九三二）年に病没したため、内閣を組織することはなかったが、木檜は「郷土（群馬）の宝」を「日本の宝」にしようと、福田を江木に託したのであった。

毎月一回、江木邸に招かれた福田は、政治・経済・軍事・国際情勢について、その謦咳に接し、政治の舵の取り方が、国や民族の運命を変えていくことを痛感したという。

福田の政界入りは昭和二十七（五二）年の第二十五回総選挙であった。その時、木檜は八十四歳で眼を病んでいたが、福田の選挙運動の先頭に立った。戦前に木檜の民政党とは対立していた政友会の県幹事長であった竹腰徳蔵も、公職追放解除後の政界復帰の場を知事と定め、国政は福田に託し、福田を「日本の宝」に育てようとひと肌脱いだ。こうした郷土の力を糧に、福田が政治家として大成していったことは、周知の通りである。

旧群馬町立図書館（現高崎市立群馬図書館）の庭で、手を挙げた独特のポーズで立つ福田赳夫元首相の像＝高崎市

さて、政治家の資質が問われ、その育成について、人材養成塾や公募制などが注目を集めている。しかし、より大事なことは、福田赳夫にその典型をみるように、どれだけ「郷土的ＤＮＡ」を受け継いでいるか、ということではないであろうか。

後藤新平から福田赳夫へ

復興、そして将来像描く時

東京新聞の企画「3・11から」（六月五日付）は「ノーベル化学賞受賞・野依良治氏に聞く」であった。「水、医療、食糧、生物多様性、貧困など他にも解決しなければならない問題は山積みです。世界と協調して解決していかなければ、人類に未来はありません」「地球は有限です。しかし人口は増加します。すべての人びとが、それを理解する力を持ち…」という野依氏の文章を読んで、すぐに思い浮かべたのが福田赳夫元首相であった。

野依氏の訴えこそ、四十年前に福田が述べたことで、福田はその理念を「平和大国の設計」として掲げ、自由民主党総裁選に臨んだのが昭和四十七（一九七二）年のことであった。対抗馬の田中角栄は「日本列島改造論」をぶち上げた。

福田と田中の対立は「角福戦争」と呼ばれ、福田派から小泉純一郎氏（元首相）が、田中派からは渡部恒三氏（民主党最高顧問）が若手を代表し、テレビ出演して激論を交わしたが、渡部氏は田中を持ち上げ、大量消費社会の物質至上主義を是正しようとする福田を貧乏神呼ばわりした。福田は地球的視野で日本の針路の舵（かじ）を取ろうとしたが、当時は福田の政治哲学より、右上がりの経済を基調とし、一国の利潤を追求する典型であった田中の日本列島改造論がもてはやされた。昭和五十一（七六）年、福田は念願の総理となったが、保革伯仲の国会や党内抗争の煽（あお）りで、二年で退陣したため、その思想を具現化することはできなかった。

福田は同五十三（七八）年、総理の座を去った。しかし、その後、世界各国首脳経験者による「ＯＢサミット」を提唱し、同五十八（八三）年に第一回が開催される。「人口、地球環境、資源、エネルギーなどの地球人類的問題の解決なくして、人類の未来がない」と、自分の政治理念を実現するため、平成七（九五）年に死去するまで、活動の先頭に立った。

群馬県庁昭和庁舎２階にある「上州人宰相記念室」の福田赳夫元首相コーナー＝前橋市

ＯＢサミットは福田亡きあと議長を宮沢喜一元首相らが務め、福田康夫元首相が参加している。平成二十三年にはカナダ・ケベック市で開かれ「水問題」への課題の提言を行った。同二十四年は三十回目の節目となり、中国天津市で開かれ「危機に対する国際協力」がテーマとなった。

震災復興として、関東大震災後の復興を進めた後藤新平が語られるのは当然であろう。しかし、行き過ぎた物質文明への反省とその価値観を改め、今後の日本の将来像を描くとき、語られるべき政治家は福田赳夫でなくてはならない。

早期戦争終結の訴え届かず

八月になると、われわれ日本人はアジア・太平洋戦争について語り、平和への誓いを新たにする。そこで、しばらく戦争に関する話題を取り上げる。最初は、川場村出身の外交官・桑原鶴が昭和史に示した先見性について紹介したい。

桑原は明治三十五（一九〇二）年、川場村に生まれた。大正四（一五）年に県立沼田中学校（沼田高校）に入学、「開校以来の秀才」とうたわれ、同校から初めて第一高等学校に合格した。その秀才ぶりは東京帝国大学入学後も発揮され、高等外交科試験合格、高等行政科試験合格も史上最年少の記録をつくった。つまり、桑原は群馬県第一の秀才であった。

大正十五（二六）年に桑原は外務省に入った。オランダ、スイス・ジュネーブ勤務を経て、昭和三（二八）年から同六（三一）年までイタリアに滞在した。ムッソリーニ全盛時代であったが、ファシズムに批判的な考えを持った。

同十一（三六）年一月からアフガニスタンに赴任。同十一月に広田弘毅内閣は日独防共協定に調印したが、「この協定は必ず軍事同盟に進み、英米両国を敵に回して戦うことになるから反対」する建白書を提出した。当時、同協定に反対したのは外務省で吉田茂、東郷茂徳、桑原鶴、陸軍では本間雅晴、海軍では米内光政だけであった。

昭和十四（三九）年にエジプト代理公使となった。第二次世界大戦が始まり、第二次近衛文麿内閣はドイツの勝利を疑わず、同十五（四〇）年に日独伊三国同盟を締結したが、情報収集に努めた桑原は、最終的にはドイツが敗北するであろうと本国へ報告した。

同十七（四二）年、桑原は内閣総力戦研究所に出向を命じられた。前年にアジア・太平洋戦争が始まり、日本軍は優勢で国民は勝利に酔っていたが、桑原はシンガポール陥落を好機として早期講和論を説き、ヒトラーの「我が闘争」を同研究所の有志に講義、ドイツが負けることを予言し、日本が戦争終結後どうすべきか、戦後経営を研究することを訴えた。

いよいよ戦局が悪化すると、桑原は同十九（四四）年五月、「大東亜戦争指導私論」と題する論文を執筆した。無条件降伏をする前に、有利な条件で戦争を終結するためであった。

しかし、桑原の提言は外務省、内閣総力戦研究所、陸軍省、海軍省にも拒絶されてしまった。桑原の言う通り少しでも早く戦争が終結していたら、尊い命がどれほど助かっていたかと思うと、残念でならない。

昭和28年、50歳のころの桑原鶴（成瀬恭氏提供）

川場村出身の外交官・桑原鶴 中

権力に向けた「義と人情」の眼

外務省をはじめ関係機関に提言を拒否された桑原は、昭和十九（一九四四）年十二月に「大東亜戦争指導私論」の謄写版をつくって知己に配った。まもなくこの論文は、戦争終結を考えていた政府の指導者の手にもわたり評判になった。

近衛文麿の秘書であった細川護貞（細川護熙元首相の父）は、桑原の謄写版を昭和二十年二月二十七日に手に入れたことを、その日記に記している。

近衛文麿のもとへも届けられ、近衛は単独上奏文をつくり、昭和天皇もこれを受け取られ読まれたといわれている。そして、近衛が桑原に会いたいと言ってきたが、その前に桑原が近衛に、これまでの政治家としての行動を反省するよう伝言をしたためたため、会見は実現しなかった。八月十五日に終戦となり、十二月になって近衛は自殺して五十五年の生涯を閉じた。桑原は近衛のことを、人が良くて、自分たちの利益だけを考えているさまざまな人々に担がれて総理大臣になり、日本を滅ぼした人であったと厳しい評価を下している。

しかし、近衛の死に対しては同情的で「近衛を利用するだけ利用して、近衛に恥ずべく、そして無念な死に至らせた」国家指導者たちの責任こそ問わなければならないと指摘し、東条英

機や近衛文麿に近づいた人々が、戦後、マッカーサーに近づこうとしている現実を清算しない限り、日本の再建はおぼつかないと訴えた。桑原は義を尊び、人情に厚い上州人であった。

敗戦直後、用事があって桑原は、広田弘毅のもとを訪ねた。話題がこれまでの外交政策となり、桑原が持論を展開すると、広田は突然大声を上げ「もうやめろ」と言って、あっけにとられている桑原の前に、桑原の謄写版を投げ出すという出来事があった。

桑原にとって広田は外務省の先輩、外交官出身の有力政治家で、桑原が反対した日独防共協定調印時の総理大臣であった。加えて、桑原は広田の芝居じみた態度（パフォーマンス）が嫌いで『大東亜戦争指導私論』を広田に差し上げなかった。桑原の論文を他人から手に入れた広田は、不満や怒りを桑原にぶつけたのであった。

作家・城山三郎は小説『落日燃ゆ』で、東京裁判で絞首刑となった広田を擁護しているが、桑原にあっては城山の広田像も形無しである。実直な上州人はパフォーマンスを好まない。

川場村歴史民俗資料館にある桑原鶴の著書などを展示したコーナー＝川場村

「日本の将来」見つめた戦後

桑原は敗戦後、外務省を辞めた。一外交官として日本の敗戦を防げなかったという責任からであった。桑原はエリート官僚であったので、戦前も戦後も時流に便乗していれば、順調に出世コースを歩んでいたに違いない。

しかし、戦前はドイツやイタリアに追従する外務省主流を批判して、冷や飯を食わされた。戦後社会は戦前に冷遇されたり、弾圧されたことが勲章となったので、外務省に留(とど)まっていたならば、間違いなく出世したと思われる。けれども、桑原にとって立身出世や名誉栄達は眼中になく、見つめていたのは日本の将来だけであった。

外務省を辞めた桑原は昭和二十一（一九四六）年七月「賠償問題に関する建白書」を吉田茂首相に提出した。その要旨は①賠償は課せられるべきではなく、自ら支払うべきものである②その賠償贖罪(しょくざい)精神が政治的に具現化されることに成功すれば、我が国の国際平和協力の根底が確立される③その実践は敗戦国たるの事実を認識し、敗戦国たるの権利を主張する勇気を忘れてはならない④賠償問題の担当機関として、内閣に賠償庁、外務省に賠償局、民間に全国的な中央機関を設置する―というものであった。

当時の大野勝己参事官と桑原の間で打ち合わせが行われ、同年十一月二十五日「賠償問題研究会」が結成され具体的に動き出した。しかし、どこからか圧力が加わり、会議は二回開かれただけで、つぶされてしまった。

それからの桑原は昭和四十四（六九）年七月に六十六歳で亡くなるまで、「国体明徴運動」を展開した。この運動は、アジア・太平洋戦争敗戦の事実を究明し、その教訓を戦後社会に生かそうというものであった。運動を進めると、国民一人一人の戦争責任問題に突き当たる。自らに厳しい運動であったので、容易に戦後社会に受け容れられない面があった。

また、戦時中に「国体明徴」という狂信的な運動に苦しめられた国民は、その言葉を嫌悪した。本物の「国体明徴」（国柄を明らかにする）を行おうとする桑原の意図は伝わらなかった。

けれども、桑原の言う通り、敗戦国の権利として賠償問題に取り組んでいれば、アジア外交における日本の立場は格段と優れたものになったと思われる。とくに中国との関係は謝罪外交を繰り返すことなく、敗戦国の権利として堂々とモノを言うことができたはずである。

「救国院実道明徴居士」という戒名が彫られた桑原鶴の墓＝川場村

「経済・産業」「政治王国」礎築く

戦前に「飛行機王」と呼ばれ、本県選出の国会議員として初めて国務大臣となった中島知久平が、脳溢血のため急逝したのは、昭和二十四（一九四九）年十月二十九日であった（享年六十五歳）。葬儀は十一月四日に東京・築地の西本願寺で営まれた。遺骨は三年忌当日に多磨霊園に埋葬され、墓石には長男・源太郎（のち文部大臣）の大書で「中島知久平之墓」と刻まれた。七年忌の昭和三十年十月に分骨が行われ、郷里の徳性寺（太田市押切町）にある中島家墓地内に墓（戒名・知空院殿久遠成道大居士）が建立された。

現在の群馬県の特色を挙げるとすれば、経済・産業面では「内陸型重工業県」ということであり、政治・社会面では四人の総理大臣（上州人宰相）や与野党（自民・社会党）から多数の国務大臣や党首を輩出した「政治王国」ということになる。

群馬県の年間工業生産出荷額は全国で上位にランクされ、四国四県（香川・徳島・愛媛・高知）よりも多い。わが国の重工業が臨海地帯に発達しているのに、海なし県の群馬県が重工業県として発達したのは、知久平が戦前に日本一の飛行機製造メーカーとなる中島飛行機を太田市に創業したからである。

飛行機製造は多部品組み立て産業で生産が面的に広がる特徴を持つ。中島飛行機は、戦後に平和産業への転換が図られ、富士重工業株式会社となり、自家用車を生産した。多部品組み立て産業の伝統は自動車産業に引き継がれ、東毛地域を中心とした「内陸型重工業地帯」が形成された。群馬県が明治期以来の蚕糸業県から戦後の高度経済成長を経て内陸型重工業県へと発展した歴史的源流が、中島飛行機であった。

昭和20年８月、東久邇稔彦内閣の閣僚写真の中島知久平（２列目中央）。前が東久邇首相、左は米内光政、右は近衛文麿

中島知久平が昭和十二（三七）年に鉄道大臣（近衛文麿内閣）、同十四年に立憲政友会総裁、同二十年に軍需大臣・商工大臣（東久邇稔彦内閣）に就任するまで、群馬県から大臣クラスの政治家は現れなかった。県民はこぞって知久平総理の誕生を期待した。しかし、知久平が急逝したため、上州人宰相は実現しなかった。

そこで、戦後に国会議員となった政治家は多くの県民の期待に応えて党首、大臣、そして悲願の総理大臣を目指した。「政治王国ぐんま」の出発点も、政治家中島知久平にあったといえよう。

国家国民のための飛行機製造

中島知久平が飛行機製造に着手した理由について話したい。知久平は明治十七（一八八四）年一月一日、新田郡押切村（太田市）に生まれた。尾島小学校高等科二年のとき日清戦争が終結し下関条約が締結され、日本は清国から遼東半島を割譲されたが、ロシアが独・仏両国を誘って返還を求めた（三国干渉）。

国民は「臥薪嘗胆（がしんしょうたん）」をスローガンに、ロシアへの反感を強め、知久平少年も軍人になってロシア征伐に貢献する夢を描いた。

明治三十六年に海軍機関学校へ入学したが、在学中に日露戦争でわが国が勝利したため、知久平の夢は消えた。しかし、アメリカのライト兄弟によるガソリン発動機を付けた複葉飛行機操縦の成功に刺激を受け、飛行機の軍事化に取り組むようになった。

日露戦争の日本海海戦で、東郷平八郎率いる連合艦隊が、無敵艦隊といわれたロシアのバルチック艦隊を打ち破ったことにより、欧米列強は「大艦巨砲」主義の建艦競争を本格化させ、わが国も海軍は「八・八艦隊」（戦艦八隻・装甲巡洋艦八隻）建造を帝国国防方針とした。

しかし、こうした軍事情勢に異議を唱えたのが、知久平であった。①経済力の弱い日本が欧米列強と伍して建艦競争を続けては、国民が重税で苦しみ国家財政の破綻を来すから、航空兵力重点主義に改めるべきである②官営（お役所仕事）は非能率であるから、陸・海軍でなく民間で飛行機製造を行うべきである―。

これが知久平の考えであったが、国防方針を批判しているため、海軍首脳部からは白眼視された。しかし、海軍次官・鈴木貫太郎（終戦時の内閣総理大臣）の恩情により、海軍を退役し、郷里で飛行機製造を行うことになった。

海なし県（内陸）で養蚕県の本県は、飛行機製造（重工業）に有利な点は何もなかった。けれども、太田・尾島両町（太田市）はじめ多くの有力者が献身的に知久平を支えた。それは、知久平の飛行機製造業が、金もうけが目的でなく、国防・国民経済のためであったからだ。

太田市を見渡せる金山城址にある中島知久平の胸像

生前、知久平は「知久平さん」とさん付けで呼ばれた。知久平の事業が単なる営利事業でなく国家国民のための事業であることが知られるようになり、県民の知久平に対する尊敬の出発点になったからである。

学閥も門閥もない知久平が一代で、大財閥の三菱をしのぐ日本一の飛行機製造メーカーをつくり得た理由も、そこにあった。

民間初のシンクタンク創設

知久平は軍人から実業家に転身し「飛行機王」と呼ばれるほど成功すると、国家経済破綻の危険性を持つ日露戦争以来の国防方針である大艦巨砲主義と陸上兵力第一主義を、航空兵力重視政策に改めるために、政治家になって国家の指導的地位に就かなければならないと考えた。

そこで、武藤金吉（太田市出身）の地盤を継ぎ、昭和五（一九三〇）年に行われた第十七回総選挙に当選し衆議院議員となった。政治活動に専念するため翌年、社長の地位も弟の喜代一に譲った。ところが、一年生議員の知久平の前には、もっと大きな政治課題が立ちはだかっていた。

戦前の政党政治は、政友会と民政党という二大政党による政権交代は成し遂げたものの、政治の迷走、経済の停滞が続き、軍部の暴走を許し、昭和戦前期の日本は国際社会の荒波の中で孤立して、漂流していた。

そこで、知久平は民間初のシンクタンク「国政研究会」（昭和六～十五年）と「国家経済研究所」（同七～十八年）を創設し、学者や研究者を集め、政治家が山積する諸問題を研究し、政党を政策本位の集団とし、国民の信頼を取り戻そうとした。両機関は中島事務所が入っていた日比谷の市政会館に置かれた。国政研究会の嘱託学者は五十人にのぼり、外国人もいた。田辺忠男（東京大）、大西邦敏（早稲田大）、猪谷善一（東京商科大）らが中心で、哲学者の三木清（法政大学）もニーチェの哲学を講演した。国家経済研究所の顧問には、吉野信次、岸信介らが名を連ねた。両機関の費用は毎月四千円。昭和六年当時の東京府知事の年俸が五千三百円であった。

昭和十四（一九三九）年に知久平が政友会総裁になると、両機関は同党のシンクタンクとなった。民政党も総裁となった町田忠治が昭和九年政務調査会館を創設しているが、昭和七年の五・一五事件以後、政党内閣が途絶え、シンクタンクの存在は注目されることがなかった。

戦後の政党復活で、知久平や町田は公職追放となり、鳩山一郎や吉田茂がその中心となったため、戦後の政権与党にもシンクタンクをもった政党は出現しなかった。

国政研究会が収集した文献約１万4000冊を所蔵する県立図書館の「中島文庫」＝前橋市

民主党が与党となり、自民党が野党となったいま、政党がシンクタンクを持つことの重要性を痛感する。日本の政治に知性を、哲学をと奮闘し続けた中島知久平の存在を忘れるべきではない。

「親孝行御殿」観光に活用を

一カ月前の十一月六日、知久平が昭和六（一九三一）年に建設した中島新邸が初めて一般公開された。知久平が両親のために建てたもので、決してその権勢を誇るようなものではなかった。

知久平は、父・粂吉が尾島町長を退任した二カ月後の昭和二年六月に発病したことを受け、両親のために豪壮な家を新築することを思い立った。完成直後の同七年四月に粂吉が亡くなり、同邸で葬儀が営まれた。葬儀係は新築の建物が汚損しないよう準備を進めたが、知久平は弔客を靴・下駄（げた）のまま座敷へ招き入れ、柱や欄間など葬儀上邪魔になれば取り払うよう指示した。父親の御魂を送り出せば、打ち壊しても差し支えないという程の孝養心であった。粂吉が亡くなった後、新邸には母・いつと末妹・あやが住んだ。

中島新邸総工費約百万円は当時としては破格で、昭和天皇の御大典記念に建設された群馬県庁舎（昭和庁舎・昭和三年落成）が七十九万円、群馬会館（昭和五年落成）が五十四万円であった。そこで、以下のように中島邸に注目した。

観光立県を目指す群馬県には、金沢市の大名屋敷や新潟県のような豪農館も、北海道小樽市にあるニシン御殿のようなものもなく、全国レベルの文化遺産が少ない。その点、中島新邸が完全修復されれば、「親孝行御殿」として全国級の文化遺産となって、観光立県群馬を支えることができる。同邸は占領期にＧＨＱ（連合国軍総司令部）が接収し、ダンスホールが増築され、庭にはテニスコートもつくられた。戦後史（占領史）を語る上でも、貴重な文化遺産である。

ところで、戦後、中島知久平は、飛行機製造業＝軍需産業ということから、マイナスイメージで語られるようになった。それが皮相的な見方であることは、これまでの講座で述べたとおりである。

太田市押切町に残る中島知久平邸の玄関車寄せ（太田市役所提供）

群馬郡国府村（高崎市）出身で同志社総長を長く務めた住谷悦治という学者がいた。知久平より十歳ほど年少である。立命館総長・末川博とともに、学問の都・京都の顔であり、戦後の平和運動の主柱であった。悦治の長男・住谷一彦氏（立教大学名誉教授）によれば、父・悦治も中島知久平のことは「知久平さん」と敬称で呼んだという。住谷悦治は、戦後日本の進歩的文化人の代表格である。その人柄や業績から、知久平への敬愛の念は、思想立場を越えるものであった。

橋建設など、富を故郷へ

平成二十四年二月九日（木）の午後六時から、県立図書館で「山崎種二―相場の神様―」と題して講演を行った。ここで、その一部を紹介する。

山崎種二は、明治二十六（一八九三）年、北甘楽郡岩平村大字坂口に生まれた。十五歳で回米問屋「山繁」を営む山崎繁次郎を頼り上京。米倉庫番から勤勉を重ね支配人にまで昇進。関東大震災で「山繁」が廃業すると、三十歳で回米問屋山崎種二商店を開業した。

昭和八（一九三三）年に株式相場の分野に進出、戦前・戦中・戦後の混乱を乗り切り、山種証券を中核とする「山種グループ」を築き上げた。同四十一年、本社ビルと山種美術館を竣工し、会長職に退き、余生は教育・文化事業に専念した。浮沈の激しい相場の世界で、有終の美を飾った稀(まれ)な相場師で「相場の神様」と敬称され、同五十八年、八十九歳でこの世を去った。

横山大観らの日本画家を支え、山種美術館を創設したことで有名な種二は、その富を郷里・岩平村、そして同村合併後の吉井町（高崎市）へと還元した。内村鑑三は「何か一つ事業を成し遂げて、出来(でき)るならば我々の生まれた時よりも、此(この)日本を少しなりとも善くして逝きたい」と念じていたが、種二の故郷への浄財は、その実践に他ならなかった。

最初の寄付は、鏑川の支流星川に架かる「星川橋」で、昭和天皇の御大典記念事業として、坂口地区の住民が橋梁工事を進める話を聞き、建築費全額六千円を提供した。

昭和五（一九三〇）年に橋が完成すると、住民は種二に感謝して、翌年次のように刻まれた記念碑を橋詰に建立した。

「昭和御即位ノ大典ニ会シ記念ノ事業トシテ之ヲ断行セントス、適々當区出身東都ノ紳商山崎種二氏之ヲ賛シ、躍然星川橋架設費全額ヲ投ゼラル」

東日本大震災後、「兎追いし…」で始まる唱歌「故郷」が被災地の鎮魂と復興を祈って歌われている。その三番は「志をはたして／いつの日にか帰らん／山は青き故郷／水は清き故郷」である。明治以来、多くの人々が志を抱き首都東京を目指し、立身出世して故郷に錦を飾ることを夢見た。星川橋完成を記念して建てられた碑もそれを物語っている。

山崎種二に感謝して住民が星川橋の近くに建立した記念碑＝高崎市

考えてみれば、わが国は貧しかった明治の時代からこうした積み重ねをへて、豊かな国になった。いまでは見る人もなく、忘れ去られた路傍の碑であるが、震災後のいま、このように全国に点在する草むす碑が、勇気を与えてくれ、日本再生への道しるべになっている。

第6章　群馬と台湾の絆

日本人最後の台南市長・羽鳥又男

上州人の「義理」台湾で貫く

平成の合併で前橋市となった富士見村石井に、珊瑚(さんご)寺という天台宗の名刹(めいさつ)がある。平成十九（二〇〇七）年四月二十五日、羽鳥又男の胸像が建立された。

又男はクリスチャンであった。これは、昭和三十六（一九六一）年に生誕百年を記念し頼政神社（高崎市）に建てられた内村鑑三の漢詩「上州人」の碑と対をなすもので、クリスチャンの碑が神社にあるのも、胸像が寺院にあるのも、世界中で群馬県だけであろう。

いずれも、理屈を言わず、義理人情を重んじる上州人気質から生まれた、寛容な宗教観によって実現したものである。

羽鳥又男の名は日本では無名に近いが、台南市では、生誕百年にあたる平成四（九二）年、台湾の大手日刊紙「中国時報」が特集記事を掲載、生誕百十年の同十四（二〇〇二）年には、台湾の実業家・許文龍氏が胸像を作り、又男ゆかりの赤嵌楼(せっかんろう)に安置し、日本へも寄贈した。

どうして、台南市には又男に対する敬慕の念が息づいているのであろうか。

羽鳥又男は明治二十五（一八九二）年、勢多郡富士見村石井に生まれた。代用教員時代に共愛女学校長・青柳新米の講演を聴きキリスト教に関心を持ち、大正五（一九一六）年に台湾に渡り洗礼を受けた。台湾総督府中央研究所の職員となり、その勤勉さが認められ、昭和十七（四二）年四月台南市長に抜擢された。五十歳であった。

敗戦までの三年間、又男市長は次のような善政を行った。①孔子廟に置かれていた神棚を撤去し、市民が同廟の老朽化に心を痛めていることを知ると、修復し伝統的祭礼を復活させた②台湾の歴史を象徴する赤嵌楼のなかの文昌閣が倒壊しそうなのを見て、建物の修復を行った。戦時中で台湾総督府の許可が下りなかったが説得した③戦争のため供出された開元寺の釣鐘が、台湾最古のものと知ると寺への返却を命じた。

「中国時報」によれば、「義を重んじ恩に感じるのが台南人の特筆である」という。わが上州も「義理人情」の風土で、珊瑚寺の濱田堯勝住職や檀家世話人会が、クリスチャンの胸像を受け容れてくれたのも、又男は郷土の偉人であり、台南市長として開元寺の古鐘を守ってくれた仏教の恩人であると、台湾からの善意に応えた結果であった。

平成二十三年二月二日（水）、ＢＳ－ＴＢＳ「ゆらり散歩　世界の街角～台南・古都に残る日本の面影」（午後八時～八時五十四分）で、羽鳥又男をはじめ、台南で活躍した日本人が紹介された。

珊瑚寺の羽鳥又男像＝前橋市

羽鳥重郎医学博士と台湾の風土病

熱病研究に生涯ささげる

さらに、台湾で敬愛されている上州人を紹介したい。

戦前の日本は農業国で、国土は狭く過剰人口を抱えていたため、成功した人のツテを頼って海外へ出る人もいた。富士見村でも羽鳥又男はじめ多くの人が、羽鳥重郎医学博士を頼って台湾へ渡った。

羽鳥重郎は、明治四（一八七一）年、富士見村石井（前橋市）に生まれた。群馬県尋常中学校（前橋高校）に入学したが、同校が廃校になったため、医術開業試験の勉強を重ね医師となった。東京帝国大学医学部内科選科生となり、伝染病の研究に取り組んだ。赤痢菌を発見したが、志賀潔の論文を掲載した雑誌が一カ月早く出版されたため、赤痢菌発見者第一号とならなかった。のちに「真に終生の恨事であった」と重郎は述懐している。

明治三十二（一八九九）年、捲土重来を期し、台湾へ渡り台北衛生試験室に勤務した。ここから台湾風土病撲滅の戦いが始まった。

まず重郎が手がけたのはマラリア対策であった。蚊の採集を行い原虫保有者の絶滅に成功した。次に「鳳林病」と恐れられた熱性病の原因を突き止めた（「台湾恙虫病」の発見）。さらに台北などで不明熱とされていたものを「散在性発疹熱」と命名し、その対策を講じた。また、大正十二（一九二三）年、熱帯病研究者として選ばれて中南米へ派遣されると、途中、アメリカ合衆国に向かい、ロックフェラー財団を訪ね、同研究所で野口英世と意見交換を行っている。

昭和六（一九三一）年、重郎は還暦を迎えた。普通なら悠々自適の生活に入るところを、台湾で衛生状態が最もよくない花蓮港に開業し、医療活動を続けた。敗戦後も熱帯医学研究所に留まり、「中日薬学史」の原稿を書き上げてから日本へ引き揚げ、晩年は愛媛県今治市で開業した長男のもとで過ごし、昭和三十二（一九五七）年、八十七歳で亡くなった。重郎博士の生涯は、立身出世、名誉栄達は眼中になく、台湾風土病の研究に捧げられた。最後に、その人柄を伝える短歌を二首紹介する。一首目は研究のため犠牲になった小動物を、二首目は同じ科学者として尊敬されていた昭和天皇を詠んだものである。

羽鳥重郎博士（羽鳥文麿氏提供）

いけにえと　さだめし猫の　馴れまして
われに戯るる　さまのあわれさ

元首とし　科学の道に　はげまるる　古今
東西　わが君　あるのみ

台湾紅茶の父・新井耕吉郎

台湾大地震を機に再び脚光

新井耕吉郎は明治三十七（一九〇四）年、利根郡東村園原（沼田市）に生まれた。県立沼田中学校（沼田高校）を卒業し、大正十（一九二一）年に北海道帝国大学農学部に進んだ。卒業後、約一年間幹部候補生として宇都宮で軍隊生活を送り、除隊後に台湾総督府中央研究所技手を命ぜられ、平鎮茶業試験場支所に勤務することになった。

同所で台湾特産品のウーロン茶の改良に取り組んでいたが、海抜八百メートルの日月潭湖畔一帯の盆地（魚池郷）が、土壌・気象条件などから紅茶栽培に適していると確信し、大正十四年、インドからアッサム種を輸入し、同地での紅茶の試作に成功した。

昭和八（一九三三）年、台湾では紅茶の生産がウーロン茶を上回り、同十一年魚池紅茶試験支所（現在の茶業改良所魚池分場）を創設。アッサム種と台湾の原種を交配させ、独自の「台湾紅茶」を作り上げていったことから、「台湾紅茶（産業）の父」と呼ばれるようになった。敗戦後も家族を日本へ帰し研究を続けたが、昭和二十一（一九四六）年に病没した。

台湾紅茶は「渋味を抑えたまろやかな味」で一九六〇年代まで隆盛を極めた。ただ残念なことに、七〇年代に粗悪品が出回り、八〇年代には市場から姿を消した。

ところが、九九年に台湾大地震が発生、震災の復興策として紅茶生産が再開され、再び耕吉郎の存在が脚光を浴びるようになった。台湾の実業家・許文龍氏が魚地分場に立ち寄り、耕吉郎の功績を知り、胸像を同地に安置するとともに、日本へも贈った。本県へ贈られた胸像は、一人娘であった玲子さんの夫・桜井清一氏ら家族により、利根町園原の同家墓地に建立され、除幕式が平成二十一（二〇〇九）年十月十一日に行われた。

桜井家では、日本と台湾の友好を深めてほしいと、胸像と並んで記念碑「耕吉郎の功績」「胸像建立の由来」を設置し、そこに許文龍氏や台湾の方々へ感謝の気持ちを刻んだ。

さて、ここからは私の個人的な希望で、失礼の点はお許しをいただきたい。耕吉郎の胸像と記念碑を、利根町にある本県を代表する名湯・老神温泉の広場に移設できないだろうか。そして、同温泉では耕吉郎が開発した台湾紅茶で観光客へのおもてなしができないものか。日本と台湾の善意を、両国の交流や地域づくりに役立てるべきであると思う。

台湾から贈られた新井耕吉郎の胸像と親族が設置した記念碑＝沼田市

「台湾図書館の父」「基隆聖人」石坂荘作

台湾初、夜間教育機関を創設

石坂荘作は明治三（一八七〇）年、吾妻郡原町（東吾妻町）に生まれた。原町尋常小学校を卒業。地元の牧師から英語、儒者から漢学などを学び、同小学校の教員となった。

日清戦争に出征したのち、同二十九（九六）年、台湾へ渡った。台湾日報、台湾日日新報社の会計主任を経て、度量衡器販売や、たばこ、マッチなどの専売品を手がける「石坂商店」を創業した。

石坂は商売で得た利益を社会に還元し、明治三十六（一九〇三）年に台湾で最初の夜間教育機関「基隆夜学校」（のち基隆商業専修学校）を創設。日本人でも台湾人でも授業料は不要で、昼間に学校へ通えない者に勉学の門戸を開放した。

同四十二（〇九）年には石坂文庫（のち基隆市立図書館）を創設。同図書館は基隆市の「知識の庫」としてなくてはならないものとなった。さらに昭和六（三一）年には和洋裁縫講習所（のち基隆技芸女学校）を開設し、女子教育の発展にも努めた。

石坂は基隆市の教育を一身に担ったと言っても過言ではないが、実業界においても、基隆信用組合長、基隆公益社長、基隆商工会長などの公職を歴任。その生涯をひたすら台湾の北部にある都市・基隆のために尽くした。

ところで、どうして石坂が「基隆聖人」と呼ばれているのであろうか。それは石坂の善行に対する姿勢に多くの人々が敬意を表したからである。

当時も海外に出て巨富を擁した成功者は何人もいたが、石坂は私欲に走ることなく、淡々として余裕ができれば公共の為に私財を投じた。つまり、建設・寄贈は有り余る財貨によってなされたものではなかった。

たとえば、基隆市民の朝夕の散策に欠くことのできない存在となった石坂公園も、自ら鍬（くわ）を握る労力を続け、数年の歳月を要して完成したもので、石坂はこうした方法ででき上がったものを、次々に市に寄贈していったのである。

昭和15年公刊の「躍進群馬県誌」に掲載された石坂荘作の写真

石坂荘作は、余裕があれば公共のために投じて惜しむことなく、社会の発展のために終生を捧（ささ）げたことから、基隆市の存する限り、市民の感謝のうちに永遠にその名を刻まれることであろうと、人々から「基隆聖人」と称され敬愛されたのであった。

六氏先生の一人・中島長吉

身命捧げ 台湾教育の礎に

中島は明治四（一八七一）年、碓氷郡五料（安中市松井田町）に生まれた。八歳の時に五料小学校へ入学し、一年間で四学年飛び級し十一歳で卒業した。十六歳の時「天保銭二十五枚拝借」と書き置きして上京したが、家出人として本郷署に連行された。

しかし、署長に才能を見込まれ、東京師範学校に入学することができた。同校を優秀な成績で卒業、麹町富士見小学校訓導となったが、張滋昉に中国語を学び、日清協会を設立したこともあり、日清戦争が起こると、近衛師団第四聯隊陸軍通訳として台湾へ渡った。

ところが、伊沢修二学務部長に認められ、芝山巌学堂（現在の士林国民小学校）に奉職した。伊沢は台湾の近代教育のため同学堂を建て、優秀な日本人教師を募った。中島長吉はその一人であったが、伊沢が帰国していた明治二十九（一八九六）年元旦にゲリラの襲撃を受けて、楫取道明、井原順之助、関口長太郎、桂金太郎、平井数馬らとともに殺害された（芝山巌事件）。

同学堂に通う台湾人生徒が不穏な動きがあることを、再三、教師たちに報告したが、「教育者である我々を襲うはずがない。もしそうなれば言って聞かせるだけだ」と現地を離れなかった。土地の人達によれば「先生は金持ちだと思われて襲われた」もので、掠奪行為の犠牲者となった。

同地には、総理大臣伊藤博文によって「学務官僚遭難之碑」と書かれた立派な碑が建てられた。危険が身辺に迫ることなど少しも意とすることなく、身命を捧げた教育者の存在が台湾教育の礎石となり、六名は「六氏先生」として祀られるようになった。

そのうち、桂金太郎は東京生まれであるが前橋の幽谷義塾で学んだこともあり、中島長吉とは東京師範学校時代の親友であった。また、楫取道明は群馬県令（知事）をつとめた楫取素彦の二男であった。素彦は道明に仕込み杖を贈っていたが、非業の最期を遂げた。楫取素彦は東京から中島家を弔問し、漢詩を贈り、同じ逆縁の境遇となった長吉の両親を慰めた。

台湾の音楽教育に熱心であった長吉。明治三十年一月一日、台湾総督府民政局学務部長伊沢修二の篆額、東京音楽学校教授旗埜士郎の撰文と書になる「中島長吉之碑」が故郷に建てられた。長吉は一月一日生まれで、生涯を終えたのは、二十五歳の誕生日だった。

松井田町五料の道路沿いにある「中島長吉之碑」
＝安中市

周再賜と共愛精神

上州愛した　高潔な台湾人

大正十四（一九二五）年九月から昭和四十（一九六五）年三月まで約四十年間、共愛女学校（共愛学園）の校長（第九代）を務めた周再賜（しゅうさいし）は、群馬県で敬愛された台湾人である。

周は台湾の屏東市にキリスト教伝道師の三男として生まれた。台北国語学校から同志社普通学校、同大学神学部に学び、アメリカのオベリン、シカゴ両大学で学位を受け、帰国し母校の神学部助教授となった。修身を担当していたが、皇后陛下の授業参観があったときに、同僚が台湾人である周を蔑視して代わって授業をしてしまった。この事件があったことから群馬県へやってきた。周は二度と京都の地を踏まなかった。

「理想・学識・公平を兼備せば、良教師たるを失わない。良教師を有する学校は即ち良き学校」というのが周の教育観で、校長室を設けず、事務室の受付に座り、尋ね人があると「私が周です」と答えた。情実入学を拒否し、贈答品が届くとその日のうちに返却した。

キリスト教の教育機関にとって戦時中は暗黒時代であった。周は特高警察にいつ踏み込まれてもいいように、修身の本を開かせて聖書の講義を続けた。軍国主義と戦った周は戦後の風潮も次のように批判した。

「教育する前に人の子を愛さねばならない。よって月給は報酬ではない感謝である」「生徒に映画を見せないのは、見なくとも損にならないし、親に金銭上の負担をかけるからである」

周の高潔な教育観が共愛精神であった。

群馬県出身で同志社総長を長く務めた住谷悦治は、「同志社で育った三大教育者が清水安三（桜美林学園創設者）、岩井文男（新島学園長）、周再賜（共愛女学校長）」であると語っていた。周と清水は同志社大学神学部の同級生であった。

校長を退職した周に友人が台湾へ帰ろうと誘そうと、周は「高砂へ帰らんと誘ふ若人に告げよ　わが国籍は天にありと」と答え、本県にとどまった。

周再賜氏（共愛学園提供）

昭和四十四（一九六九）年十二月二日に八十一歳で亡くなると、前橋市内の亀泉霊園に墓が造られた。墓石にこの言葉が刻まれている。京都で不快な思いをした周であったが、群馬県での教育者としての功績が認められ、藍綬褒章を受章した。

周は台湾人を温かく迎え入れ敬愛した上州の人と風土を愛した。今でも命日には教え子が墓参して、周への敬愛の念を表している。

群馬県と台湾

縁思い起こし観光活性化を

この講座で、台湾で敬愛されている上州人として羽鳥又男、羽鳥重郎、新井耕吉郎、石坂荘作、中島長吉の五人と、群馬県で敬愛されている台湾人・周再賜を紹介してきた。これには次のような理由があった。

群馬県ではＪＲ東日本と共同で、平成二十三年七月から九月末まで、大型観光企画「群馬デスティネーションキャンペーン（ＤＣ）」を展開してきた。東日本大震災や台風などの影響を被りながらも大きな成果を挙げた。少子高齢化、経済の低成長時代を迎え、観光が魅力ある産業として脚光を浴びている。政府や全国の自治体で観光を柱とする地域づくりの施策を進め、本県でも、北関東自動車道の全通とＤＣをその起爆剤として位置づけている。

平成二十二（二〇一〇）年三月五日、日本銀行前橋支店が「群馬県における観光産業の現状と課題」と題するリポートを発表した。「海外からの観光客が少ない」「現地にお金が落ちない」という本県観光産業の現状を指摘し、海外からの観光客といっても属性・嗜好(しこう)などは多様であるので、対象（国や都市、所得層など）を絞り込み、実績を徐々に積み重ねながら、本県の認知度を高めていくことが効果的との政策提言をおこなっている。

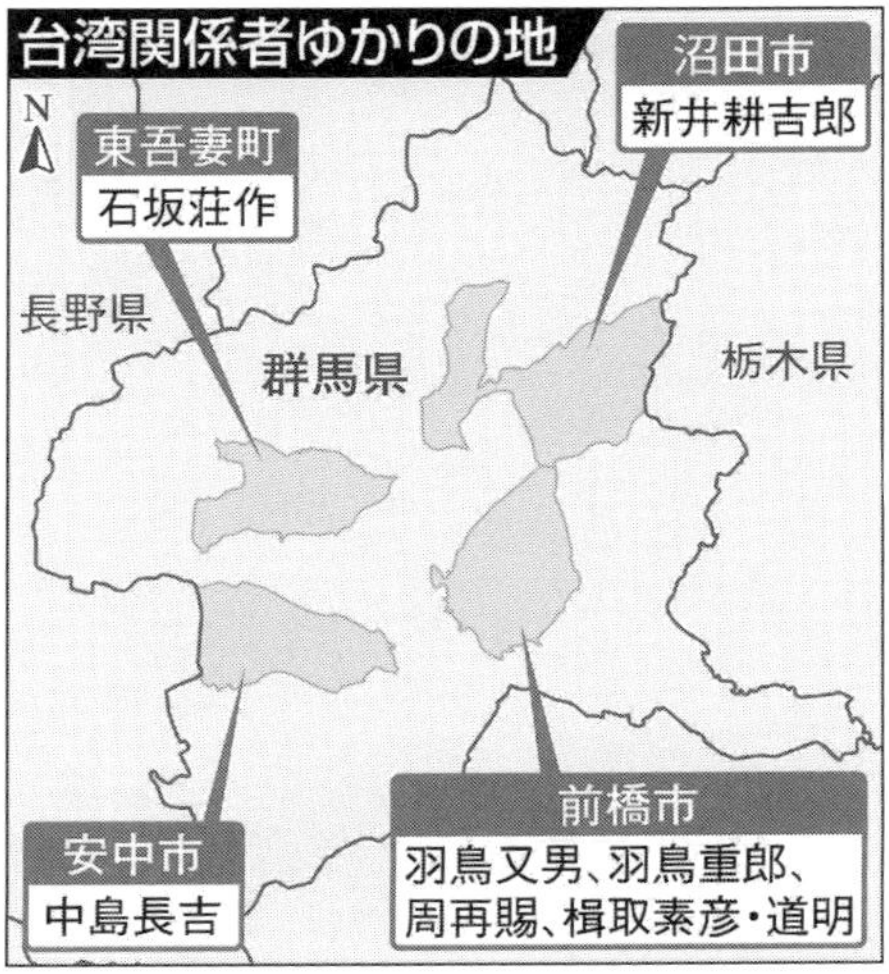

この提言に従い、ポストＤＣとして、台湾との観光交流を県を挙げて進めるべきだと考える。新井耕吉郎（沼田市）、石坂荘作（東吾妻町）、中島長吉（松井田町）、羽鳥又男・羽鳥重郎（前橋市富士見町）の出身地、周再賜が校長を務めた共愛学園、六氏先生の一人・楫取道明の父・素彦の提言で創られた臨江閣を線で結ぶと、県内を周遊するコースができる。史跡を整備し観光コース化して、台湾人観光客を迎え入れ、県内各地の温泉地に宿泊してもらい、絹産業遺産群や先進産業・教育機関を視察、先進医療機関で受診してもらうなど、本県の地域振興と国際親善の進展を図ってはどうであろうか。

台湾関係者ゆかりの地
N
沼田市
新井耕吉郎
東吾妻町
石坂荘作
長野県
群馬県
栃木県
安中市
中島長吉
前橋市
羽鳥又男、羽鳥重郎、
周再賜、楫取素彦・道明

台湾で最も尊敬される日本人は、烏山頭ダムと嘉南大用水路を造り上げた八田與一という技師である。八田の郷里・石川県へは台湾から多くの観光客が押し寄せ、台湾パワーで北陸地方は活性化している。三年後に北陸新幹線が金沢まで延伸し高崎と直結する予定である。茨城空港の利用も視野に、県域を越えたグランドデザインを構築すべきである。

台湾は東日本大震災で最大の義捐金を寄せてくれたほどで、最も親日的なのである。

第7章　文化への熱い情熱

宮城道雄と甘楽民謡

誘客の音色七十年ぶり復曲

お正月になると流れる定番曲の代表に、宮城道雄の「春の海」（昭和四年）がある。箏と尺八の二重奏であるが、来日したフランス人女性バイオリニストのルネ・シュメーがこの曲を気に入り、バイオリンで演奏。レコードが昭和七年に日本・アメリカ・フランスで発売され、宮城は世界的な評価を得ることになった。

箏曲以外のジャンルでも宮城は多くの作品を残し、新民謡も五曲手がけた。『米子小唄』（鳥取県・昭和四年）、『崎戸小唄』（長崎県・同六年）、『甘楽民謡』（群馬県・同七年）、『神辺小唄』（広島県・同十二年）、『小国小唄』（熊本県・同二十五年）。

どうして、宮城道雄の新民謡が群馬県にあるのか。富岡・甘楽地区は、戦前は北甘楽郡といった。同地活性化のため「北甘楽郷土振興会」（会長・岡部栄信）が組織され、ご当地ソングをつくることになった。その背景は次のとおりである。

いまは百年に一度の経済危機に見舞われている。昭和初期も世界恐慌によって同じ状況であった。右上がりの成長が望めないなかで、「観光」が産業として期待された。第一次世界大戦で打撃を受けたフランスやスイスが、観光によって立ち直ったのを世界各国がまね、日本も昭和三年から経済政策の中心に据えた。外国人観光客に来てもらおうと、国立公園を制定した。全国各地でも観光による地域づくりや経済活性化を図ろうとした。そのためには住民の郷土愛と、観光客に「行って見たい」という気持ちを起こさせることが必要であった。その有効な手段がご当地ソングで、全国的な新民謡ブームが起こった。

北甘楽郷土振興会では、作詞は懸賞公募し、その審査に葛原しげるがあたった。葛原は教育者で、「夕日」はじめ多くの童謡を作詞したことで有名である。葛原は無名時代から宮城道雄を引き立て、甘楽民謡の作曲者にも推薦した。甘楽民謡は葛原と宮城が何度も応募作品を口ずさみ、次の柚木春彦のものを入選とした。

宮城道雄（宮城道雄記念館提供）

甘楽よいとこ朝日も早く／桑の葉の海　きらきらと／オヤホントオニネ／年に三度は／チョイトどこにも積んで／ヨイショ　ヨイショ／国も富みます繭の山／甘楽　甘楽でヨウガンショ（二番以下略）

宮城の新民謡五曲は、『神辺小唄』が歌い継がれている他は楽譜も分からず忘れられていた。ところが、甘楽民謡の楽譜を発見し、平成二十二年二月に約七十年ぶりに披露した。

宮城の新民謡が群馬県にあることは、貴重な文化遺産といえる。「世界のミヤギ」の曲でもてなしができれば、外国人観光客は大喜びするであろう。

角田柳作先生とドナルド・キーンさん

米国で日本学の「センセイ」に

東日本大地震で外国人の出国や海外からの観光客のキャンセルが相次ぐ中で、「私の日本に対する信念を見せるのは意味がある」と日本国籍を取得し、余生を「日本人」として過ごすことを決意したドナルド・キーンさん（八八）に、多くの日本人が敬意を表した。

そのキーンさんが日本学研究を本格的に始めたのは、角田柳作（つのだりゅうさく）という上州人との出会いからであった。角田は明治十（一八七七）年、勢多郡津久田村（渋川市）に生まれた。県尋常中学校（前橋高校）に学び、東京専門学校（早稲田大学）を卒業。徳富蘇峰の民友社を経て、福島県立福島中学校（福島高校）、宮城県立仙台第一中学校（仙台第一高校）などに勤め、同四十二（一九〇九）年、ハワイの本派本願寺ハワイ中学校の校長となったが、大正六（一七）年にアメリカ本土に渡り、コロンビア大学に学んだ。

当時のアメリカで東洋研究といえば中国に限られ、日本の文化が認められていなかったのに義憤し、昭和四（二九）年、アメリカで最初の「日本文化センター」を創設。コロンビア大に移管された同六（三一）年、日本歴史講師就任の一方、帰国して皇室や各方面に援助を求め、日本文化に関する図書数万冊を集め、センターを充実させた。

　教え子の中からキーンさんをはじめ、優れた日本研究者を輩出し「日本学の父」と敬愛され、同大で日本語で「センセイ」といえば角田のことであった。日米開戦とともに抑留されたが、同僚や弟子たちが弁護したこともあり、無罪となって大学に復帰し、以後八十三歳まで教壇に立った。同三十七（六二）年、名誉博士号を授与され、同三十九（六四）年にアメリカを引き揚げ、日本へ向かったが、残念ながら途中立ち寄ったハワイで客死した。八十七歳だった。コロンビア大では弔旗を掲げて葬儀を行い、「センセイ」の死を悼んだ。

　角田は生前、自らを語らず「私はまだ生徒ですから」との理由で研究と講義に全精力を傾注し、著作を出すことを嫌った。このため日本では無名に近い存在であったが、作家・司馬遼太郎が連載していた「街道をゆく」（平成三年）で取り上げ、注目されるようになった。しかし、徹底して資料にあたる司馬は、角田がほとんど活字を残さなかったため、その全貌を書き上げることができなかった。

　新聞によると、永住後のキーンさんは、まず正岡子規の評伝を仕上げるそうであるが、次はぜひとも、角田柳作の評伝を書いてほしいと思う。

昭和37（1962）年、コロンビア大学での名誉博士号授与式（柳井久雄氏所蔵）

森村酉三と「北洋の雄・鋳銅膃肭置物」

山崎大佐鎮魂の思いを託す

高崎名物の白衣大観音は昭和十一（一九三六）年に完成したものである。建立者は井上工業の創業者、当時の群馬県を代表する実業家・井上保三郎で、建立の理由の一つが、戊辰戦争からの戦没者を供養し、世界平和を願うことであった。

原型制作者は伊勢崎市出身（佐波郡宮郷村連取）の鋳金工芸家・森村酉三で、原型は昭和九年に完成し、森村の東京・池袋のアトリエから井上工業の東京支社に運んだのが、同社社員で後の首相・田中角栄であったという逸話が残されている。

森村は生年の明治三十（一八九七）年が酉年で三男であったため酉三と命名された。県立前橋中学校（前橋高校）入学、同級生に磯部草丘（日本画家）、横堀角次郎（洋画家）がいた。ストライキの先頭に立ち退学処分となったため、県立沼田中学校（沼田高校）へ編入、東京美術学校工芸部鋳金科に進んだ。群馬県では官民挙げて「本県には画家では小室翠雲がいるが、鋳金界にはいまだ人材がいない。森村を大家に育てよう」という声が起こった。期待に応えた森村は昭和二（一九二七）年、第八回帝国美術展覧会（帝展）に初入選してから、毎年連続して帝展―文部省美術展覧会（文展）に入選し、無鑑査の資格を得るに至った。

ところで、文展も太平洋戦争中の昭和十七（四二）年から、出品基準が戦争（国策）に沿ったものとなった。そこで、森村は翌年の第六回文展にアッツ島玉砕にちなみ「北洋の雄・鋳銅膃肭(おっとせい)置物」を出品した。米軍一万一千人が同十八年五月十二日、アッツ島への反攻を開始し、山崎保代陸軍大佐以下二千四百名が迎え撃った。大本営は南方戦線を優先し同島を見捨て、同月二十九日に生き残った日本兵三百名も、山崎を先頭に降伏勧告を拒絶して玉砕。翌三十日、大本営はアッツ島守備隊の全滅を発表した。

森村はこの発表に衝撃を受けた。山崎大佐は山梨県出身であったが、大正二年、陸軍士官学校卒業後に歩兵十五連隊付（高崎）となり、森村の母校・県立沼田中学校の配属将校にもなった本県ゆかりの軍人であった。森村は山崎大佐への鎮魂の思いを作品に託した。

アッツ島での日米両軍の攻防戦は、藤田嗣治が戦争画「アッツ島玉砕」を描いたことで知られている。「北洋の雄・鋳銅膃肭置物」は、藤田嗣治の作品と共に後世に語り伝えるべきものである。

森村酉三の作品「北洋の雄・鋳銅膃肭置物」（森村方子氏提供）

「心豊かに生きる」お手本

画家の住谷磐根（いわね）が九十五年の生涯を閉じたのは、平成九（一九九七）年七月のことであった。筆者が画伯にはじめて会ったのは、亡くなる三年前のことで、「住谷天来没後五十年祭」の時であった。画伯は九十歳を超えてもお元気であったので、住谷家当主である輝彦氏と「元気なうちに何でも語っていただこう」と、同年三月三十一日「ノイエス朝日」（前橋市）と日時と場所も決めていたが、直前に急性肺炎で入院された。その後、車椅子（いす）で外出ができるようになり、近いうちに話がうかがえると思っていたころに旅立たれた。

筆者がその謦咳（けいがい）に接したのは三年ほどであったが、画伯の人柄や生き様に関心を持った。画伯は二科展に初入選しながら撤回したという逸話を持つ美術史上の人物であるが、筆者が感動したのは、高齢のため特別養護老人ホームへ入所した画伯が、甥（おい）の住谷磬（けい）（同志社大学名誉教授）に宛てた書簡を読んだときであった。

「…園長の理解ある待遇で天職の画業は気の済む迄（まで）、自由に勉強制作も出来（でき）ますので、喜んで居（お）ります。…（略）…大部分の入園者が体の不自由な人々で老人婦人もベッドこそ別ですが、廊下の休憩椅子も、老人達それぞれの過去があった筈（はず）なのに第一会話のない皆沈黙の生活で、どうして会話が湧かないのか不思議です。会話の内容にも依りますが、同じ椅子に腰掛けても、黙って居るだけです。教育を受けて来たが、人生の長い過去を持たない人々と云う感じ91％です。これらのお歳よりは、若い時どんな生活をして家族と共に暮らしてきたのか、想像が私にはつきません。一日言葉と言う大切な人間の動作を失って居るのです。…（略）…孤独を孤独のあじけない状態を哀れとも感じない様な彼等で全く、個人別々の沈黙生活の中に居る様なものです。これらの人々が幾数年間今日迄生き来られた事が、不思議！私は私の仕事で寸暇のひまはありませんのに！…」。多くの人が退職後にすることがなくなり、さびしい晩年を過ごす現実を直視したものであった。

住谷磐根は美術学校を出たわけではない。絵を描くのが好きで、画業の成り立ち難い生活を支え人生を歩んだ。書簡を読んだとき、筆者は高校教師で学校改革に携わっていた。平成の教育改革は明治以来三度目の改革で、その目指すところは、地球規模の広い舞台で人生百年を心豊かに生きる力を身に付けさせることであった。

画家・住谷磐根の人生は、「人生百年を心豊かに生きる」というお手本であった。

生前の住谷磐根が気に入っていた自身の肖像（住谷輝彦さん提供）

長男夭折し三男が家業継ぐ

住谷磐根は明治三十五（一九〇二）年、群馬郡国府村（高崎市東国府町）に生まれた。八人兄弟の四番目で、兄弟はみな村の神童タイプで、画才に恵まれテニスを趣味とした。

蚕種・養蚕業を営む素封家であった住谷家は、長男・亮一が継ぎ、弟たちはそれぞれの道に進むことになっていた。亮一は県立前橋中学校に進み、同校ではテニスの代表選手として活躍。ダブルスで前衛をつとめ、後衛は群馬県師範学校長・羽田貞義（はたさだよし）の長男・武内（ぶない）であった。

名校長とうたわれた羽田には、武内・武郎（たけろう）・武嗣郎（ぶしろう）・武賛四郎（ぶさんしろう）の四人の子がいた。みな幼少期を前橋で過ごした。武嗣郎は東北帝国大学を卒業し朝日新聞の記者となったが、昭和十二（一九三七）年から羽田家のある長野県上田地方を地盤に衆議院議員となり、戦後も自由民主党所属の代議士となった。戦前は立憲政友会で中島知久平と、戦後は福田赳夫と近かった。武嗣郎の子が、第八十代内閣総理大臣羽田孜氏である。

亮一は早く嫁をもらって両親に安心してもらうと言っていたが、卒業を控えた三月十三日、脳膜炎が原因で急逝した。葬儀には前橋中学校の校長・全職員・生徒が参列し、生徒友人代表として羽田武内が弔辞を読み上げると、会葬者全員が号泣したという。

長男の死は、天分に恵まれていた次男・悦治、三男・三郎、四男・磐根の将来に影響を与えた。前橋中学校在学中の悦治は、将来学問で身を立てたいと思っていた。三郎も前橋中学校の同級生の文学仲間と本格的に短歌を作り始めており、文学の道に進もうとしていた。同級生に萩原恭次郎（詩人）、南城一夫（洋画家）らがいた。また、同級生の屋代周二らと同校で白樺画会展を開くなど、文学だけでなく美術の分野でも活躍していた。

磐根は兄たちの影響を受けて水彩画を始め、日本水彩画会などの主催する展覧会に出品し、しばしば入選するようになったので、絵画を学びたいと思っていた。

若き日の住谷磐根左と叔父の住谷天来（住谷輝彦さん提供）

長男・亮一の夭折（ようせつ）を受け、いったんは次男である悦治が家業である蚕種・養蚕業を継ぐことになったが、半年ほどすると学問で身を立てたいと、両親に申し出た。そこで、弟の三郎との間に「兄弟盟約」をして、三郎が文学部への志望を断念し住谷家を継いだ。

後年、同志社総長になった悦治は、「人生につき何らかのアンビシャスをもっていた幼い三郎を農家に縛りつけた責任は私にあるので、私は三郎の生涯を顧みるごとに胸が痛む」と語った。

画学校と「もぐり聴講」で基盤

跡取りであった長男・亮一が亡くなった住谷家は、三男の三郎が継ぎ、次男の悦治が学者になる道を選び、第二高等学校（仙台）から東京帝国大学へ進んだ。

両親は、四男の磐根（いわね）を分家させ、前橋中学校を卒業した三郎を助けるようにとの考えから、県立勢多農林学校へ進ませた。磐根は大正八（一九一九）年、同校を卒業すると、さらに藤岡町（藤岡市）にあった私立高山社蚕業学校に進学し蚕種・養蚕業を学んだ。同校は明治三十四（一九〇一）年に甲種実業学校として開校したわが国最初の養蚕学校であった。入学者は全国各地、さらに台湾・中国（清）にも及び、日本の養蚕業の発展に大きく貢献した。現在、「富岡製糸場と絹産業遺産群」の一つとして世界遺産候補になっている高山社跡は、創業者・高山長五郎の生家跡で、高山社蚕業学校は、藤岡の街中、今のＪＲ八高線・藤岡駅近くにあった。

磐根は家業を手伝いながらも、東京の美術館へ出かけ絵画の勉強をしたり、戸田達雄らの画友と絵画展を開催したりするうちに、画家として身を立てる決心を固めていった。そして、大正十（一九二一）年、両親の許可を得て上京し、川端画学校に入って本格的に洋画（油絵）を学んだ。磐根が上京した時代に、兄・悦治は東京帝国大学在学中であった。悦治が吉野作造

（政治学）・牧野栄一（刑法）らの指導を受け、大正デモクラシーの良さをたっぷり吸い込んで、思想形成をはかっていた東京帝国大学に、磐根も「もぐり」で入り込み、牧野をはじめ帝大の名物教授の講義を受けた。「もぐり聴講時代」に、悦治の友人である土屋喬雄らの紹介で渋沢敬三に出会った。土屋はのちに経済学者として東京帝国大学で教鞭（きょうべん）をとり労農派の論客として活躍、戦後には東京大学教授、明治大学教授を歴任した。

高山社時代の住谷磐根（左から２人目、住谷輝彦さん提供）

渋沢敬三は渋沢栄一の孫で、栄一の死去に伴い子爵を襲爵。のちに第十六代日本銀行総裁、戦後は幣原喜重郎内閣で大蔵大臣を務めた。柳田國男との出会いから民俗学にもいそしみ、多くの民俗学者を育てたことでも知られている。渋沢は磐根の人柄を気に入り、戦後には磐根が渋沢栄一記念財団に関わったり、個展を開くときには筆頭推薦人になったりするなど、磐根に援助を惜しまなかった。

住谷磐根は川端画学校で絵画技術を学ぶと共に、東京帝国大学の「もぐり聴講」でその思想的な基盤を養った。こうして、磐根は旺盛な知識欲と積極的な社交性で自らの人生を切り開いていった。

大正期の県に4つの洋画山脈

住谷磐根が画家を志した大正期は、群馬県で洋画が最初の隆盛を見た時期であった。
大正期の群馬県には洋画の次の四つの山脈があった。①前橋中学校系②群馬師範学校・曙会系③高崎創画研究会・高崎中学校系④若芽社・碓氷洋画会系。

前橋中学校では明治四十年代から洋画熱がおこった。八木淳一郎・住谷宗一・河原侃二・横堀角次郎・南城一夫らが中心であった。洋画熱が高まったときに、東京美術学校図画師範科を卒業した曽根末次郎が着任した。曽根は大正八（一九一九）年から十年余り同校で教鞭をとり、その指導から小見辰男・塚本茂・清水刀根・中村節也らの洋画家が生まれた。

群馬師範学校では斎藤始雄が着任すると、山口諒司・大槻三好らを中心に絵画同好会「曙会」が結成された。斎藤は群馬大類村（高崎市）生まれで、『自由画教育の理論と実践』（大正九年）・『図画教育における四大改造』（同十年）を相次いで刊行し、自由画教育を推進した教育者であった。山口は画家山口薫の従兄で薫は諒司の影響で油絵を始めた。展覧会と併設し県下中等学校生徒作品展を開催したので、洋画熱は底辺的な広がりを見せた。

高崎市では根岸毒二が中心となって「高崎創画研究会」が結成された。同会には住谷磐根も誘われた。高崎中学校から山口薫・松本忠義・豊田一男・分部順治ら画家を志望する生徒が参加した。展覧会は春秋二回開かれ、前橋中学校の中村節也・塚本茂・清水刀根らも参加した。中村の回想によると高崎創画研究会は「女子の会員などもいて、前橋では見られない開放感があった」。前橋・高崎両市の動きに少し遅れて、安中町（市）に若芽社・碓氷洋画会が大正十五（一九二六）年に結成された。会の中心は新野歓一で、中山久・茂木暢・小林秀次・吉村半三郎・猪狩梅三郎に仁井詢平・小林欽策・小暮勝弥らが加わり、若芽社・碓氷洋画会合同展覧会を開いた。

群馬県の美術史において旧制中学生の果たした役割が大きかったように、近代日本の地域文化創造にあたり学校が重要な役割を演じた。当時の学校文化は、武道・スポーツなどの硬派文化と、文芸・音楽・絵画などの軟派文化から成り立っていた。硬派文化は質実剛健や良妻賢母の校風を下から支えたため、校内では幅を利かせた。学校当局によって軟派文化は秩序を乱すとして干渉を受けたが、学外の人々と連携し、地域の文化を創造したのであった。

磐根が母校に寄贈した「ベナレスの沐浴」（前橋市の勢多農林高所蔵）

高崎創画研究会から第一歩

住谷磐根は、高崎創画研究会について「忘れられない画家生活の第一歩の思い出」と語った。高崎創画研究会の創設者は根岸毒二(どくじ)であった。明治二十五(一八九二)年、群馬郡大類村(高崎市)生まれで、京都高等工芸学校図案科に学んだ。本名は省三であるが竹久夢二の知遇を得て、その毒舌から「毒二」のペンネームをつけてもらった。

会の創設は大正七(一九一八)年であったが、活動が本格化したのは同十年に春秋年二回の展覧会を開催してからである。活動は美術だけでなく、文芸・演劇・音楽など幅広く展開した。同十二年上野(こうずけ)短歌会・緑の笛詩社の同人と「郷土(高崎)芸術の開発振興」を目的に郷土芸術社を結成し、雑誌『郷土』を創刊した。

根岸毒二は「魂への改造と創画研究会の位置」という文章で、次のように訴えた。「私達の使命は、芸術よりなされる魂の改造であって、その一つの完成は、やがて物質文明の社会を破壊して、精神文明の建設となり、驚異なる社会改革が行はれることになるのである。実に私達の貧しい、しいたげられながらも、もがきあがる運動は、彼(か)のウイリアム・モオリスのそれに従はんとするもので、社会改造を願ふ若き心それ自身であるのである」

ウイリアム・モリス（一八三四～九六年）は、イギリスの詩人、社会改革家（社会主義者）で、俗悪な機械文明に反抗し、詩人ロッセティ、画家バーン・ジョーンズの協力を得て日用品美化運動を起こした。エンゲルスから「情熱の社会主義者」と評されたが、今からみると、社会美化運動と言った方が適当であるといわれている。

装いを変えながら出された雑誌「郷土」（高崎市立中央図書館所蔵）

根岸は大正期の地方都市高崎において、「凡（すべ）ての生活を美術化」し「芸術が普通の労働になること」、すなわち「芸術の民衆化」のために高崎創画研究会を創設した。この文化主義に共鳴し、県内外の上級学校に学んだ十代の終わりから三十代前半にかけた若者が参加した。彼らは、自由主義・民主主義・社会主義など多彩な思潮を享受し自らの主張を持ち始め、豊かな個性を伸ばすことと地域社会の改造とを結びつけようとした。また、桜井伊兵衛（貴族院議員、三四歳）・山田昌吉（高崎商業会議所会頭、四六歳）・蝋山（ろうやま）政次郎（県会議員、四九歳）・小林弥七（衆議院議員、三二歳）ら、高崎市の若手指導者が支援した。こうした人々も、地域の生活共同体の活性化をはかり、民力を高めていこうとする手だてを模索していたのであった。

村山知義の影響で前衛画家に

画家になる決心をして上京した住谷磐根は、村山知義の影響を受け前衛画家として、画壇に登場した。

村山知義は、明治三十四（一九〇一）年、東京に生まれた。住谷より一歳年長であった。大正二（一九一三）年、私立開成中学校に入学し、水彩画・油絵を覚え、内村鑑三にも師事した。第一高等学校を経て東京帝国大学哲学科に入学するが、ベルリン大学で原始キリスト教を学ぶため、同大を中退し、同十一年一月にドイツに渡った。ドイツでは前衛絵画・演劇・舞踊に魅せられ学業を断念して、油絵と観劇に熱中し、夏には独自の画論「意識的構成主義」をまとめあげ、秋にミュンヘンで開かれた万国美術展覧会に二点が入選した。

村山は翌大正十二年一月に帰国、五月に東京・神田の文房堂でアバンギャルド（前衛）美術のわが国最初の個展「意識的構成主義的小品展覧会」を開いた。「まだドイツからの荷物がとどいていなかったので、帰ってから四ケ月あまりの、こちらでの作品ばかりだったが、この展覧会は思いもよらぬ大きなセンセーショナルを惹（ひ）き起こした」と、村山自身が回顧するほど、近代日本の美術史にいて衝撃的な出来事であった。

住谷磐根は展覧会を見たときの印象を次のように語っている。「神田の文房堂の三階で村山知義『意識的構成主義的小品展覧会』が開かれ、画友矢橋公麿に勧められて行って見て驚いた。理解に苦しむタイトルで不可解のまま会場に入ると、画面に材木の片端(かたはし)や、布切れ、ブリキ鑵(かん)のつぶれた物、ゴミ捨場(すてば)から拾い集めたのではないかと思われる物資が縦横に組み込まれ、赤青黄色が筒となり、太細の線がそれらの中で不思議な構成で空間を造り、ドス黒い、焦茶色(こげちゃいろ)（褐色）の暗い空間に物資が浮き出され、オーケストラが響き出る様な画面である。全くオクターブ異なった感覚の表現で、気が変になりそうであった。そう云(い)う作品の隣に、十七八世紀のクラッシックの写実力で、デュラーが描いたのかと思われる深い味わいでドイツの少女像、老婆肖像画が並んで居た。これ等の作品は、最近ドイツから帰朝した二十二歳の青年のものとは思われない、不思議な美しさで胸に迫るのであった。おかし難い品格の高い作風に襟を正した」

住谷磐根が母校・勢多農林高に寄贈した「早朝の赤城山」（前橋市の勢多農林高所蔵）

村山は大正十二年六月二十日「マヴォ」という前衛美術団体を結成し、個展をきっかけに村山を慕ってアトリエを訪ねてきた住谷磐根らの青年にマヴォへの入会を勧めた。

「のらくろ」作者と裸で逆立ち

村山知義が前衛美術団体「マヴォ」を結成した時のメンバーは、木下秀一郎・渋谷修・大浦周蔵・尾形亀之助・柳瀬正夢・門脇晋郎・ブブノーヴァ・村山知義の八名であった。

村山は「抽象画普及運動の旋風を巻き起こそうとしたけれども、皆(み)んなおとなしい紳士ばかりでアバンギャルドのように暴れる者がいなかったので」、村山を慕ってアトリエに出入りするようになった青年たちに、マヴォへの入会を勧めた。

住谷磐根・高見沢路直・加藤正雄・戸田達雄・岡田竜夫・矢橋丈吉の六人は「マヴォイスト」の肩書がつくので、あたかも出世したような思いで同人になった。

村山が常に唱えていたのは、既成概念の否定だったので、マヴォイストらは固定した概念を打破した意表を衝くような実験美術を試みた。しかし、若手のそうした激しい行動を見て、当初のメンバーに中には、マヴォから遠ざかっていく者もいて、村山を盟主として、住谷磐根や高見沢路直らがマヴォの中心となった。

高見沢路直は本名を仲太郎といい、のちにマンガに転じた。高見沢はローマ字で「TAKAMIZAWA」であるが「タカミズ・アワ」と分けて、そのあて字を「田河水泡」として「タカミズ・アワ」と読ませてペンネームにするつもりであった。しかし、みんなが「タガワスイホウ」と読んでしまうので、その読み方に従った。田河水泡はマンガ「のらくろ」で一世を風靡したことで知られている。田河の夫人は、評論家小林秀雄の妹・潤子（本名富士子）である。

さて、マヴォは大正十三（一九二四）年七月、雑誌『ＭＡＶＯ』を創刊した。同誌は翌年八月の第七号で廃刊となり、その活動は一年間であったが、前衛の画家や詩人が、突如、衝撃的な作品をもって出現したため、一九二〇年代の日本の文学・芸術に強烈な影響を与え、画期的な新しい時代をつくりだしたと評価されている。

『ＭＡＶＯ』は抽象画・オブジェの写真、詩や随想が載っている雑誌で、文字が横書きだったり、下から上に逆さまに書いてあったり破天荒な雑誌であった。七号でやめてしまったのは、奇抜すぎてあまり売れなかったからであった。住谷磐根は絵「不具者グレーチヘンの享楽」（一号）、絵「偶像の対立」詩「運動のための一考察」（二号）、絵「運動と機会の構成」絵「作品」（三号）を発表した。また、三号には住谷磐根、岡田竜夫、高見沢路直の三人がパンツ一枚の裸で逆立ちをした「踊り」と題する写真が掲載された。

漫画「のらくろ」で名をはせた田河水泡（左端）と住谷磐根（左から２人目）＝住谷輝彦さん提供

異名での二科展入選も撤回

住谷磐根はマヴォ時代には「イワノフ・スミヤヴィッチ」と名乗った。このロシア人風の名前が大事件を巻き起こした。マヴォの同人は、二科展の公募に全員が抽象画を出品することにした。既成画壇は抽象画には理解がないから、全員を落選させるであろう、そうしたら落選移動展をやろうというのが、村山知義の計算で、大八車数題を連ねて搬入した。

ところが、イワノフ・スミヤヴィッチの作品『工場に於ける愛の日課』『唯物弁証法イワノフスミヤヴィッチ』だけが入選してしまった。このことが波紋を起こした。まず、「イワノフ・スミヤヴィッチ」が、いかなる人物かが話題となった。次にマヴォ仲間からは、審査員がロシア人名にだまされて入選させたのだと非難の声が起こった。

『上毛新聞』（大正十二年八月二十八日）も、「露西亜（ロシア）人の名前の画が二科展へ入選／実は本県の住谷君と／分って批難の声起こる」との見出しで大々的に報じた。同紙にはマヴォの仲間である矢橋公麿、二科展の審査員・山下新太郎、住谷磐根のコメントも載った。

矢橋は「…友人の為にこんなことを言うのは済まないが、芸術の為には黙っていられぬ。恐らく二科会の審査員は画そのものの実質より、露西亜人らしい名前に脅かされて入選させたのであろう」と非難した。これに対し山下は「…ロシア人だと思った。然し絵としては日本人であろうが外国人であろうが、そんなことは念頭にない。立派な作品だから入選せしめた。外に有名な外国人のものもあったが落選した位だ」と反論した。

住谷は「私は金がないので、船の荷揚げ人夫・線路工夫・花売りなどもしました。今度の作品は鵠沼に出かけて書いたので余り気乗りがしなかったが、私の名前は友人間で使う名前で、あの名前に似た作家がロシアにあるそうで、そんな関係から付けたのです。ロシアのあんな画風に心を惹かれロシア語も研究しています」と困惑した。

住谷は結局、「入選されても出品するかどうかは、自分の自由だ」といって、入選を撤回した。「二科落選歓迎移動展覧会」は、予定通り大正十二（一九二三）年八月二十八日にバンド入りで、大八車を連ねて、上野公園を出発して銀座に向かおうとしたが、上野署によって禁止され中止となった。

群馬県出身の画家が中央画壇で活躍することは、郷土の絵画愛好者にとっては、誇りと励みになるもので、住谷の属していた高崎創画研究会では、会の発展を示す快事と喜んだ。

画壇に驚きをもたらした「工場に於ける愛の日課」＝住谷磐根著「布衣」から（住谷輝彦さん提供）

昭和四年から模索の時代

マヴォが発行した雑誌『MAVO』は、第一号（大正十三年八月一日）、第二号（同）、第三号（同年九月一日）、第四号（同年十月一日）、第五号（大正十四年六月二十四日）、第六号（同年七月十八日）、第七号（同年八月二十四日）と発行されたが、その内容は第五号から激変した。

詩人の伊藤信吉は「マヴォ」の詩的変革と称した。村山知義の他に、萩原恭次郎と岡田竜夫が編輯兼発行人に加わり、壺井繁治・岡本潤・小野十三郎・林芙美子・吉行エイスケ・中西悟堂・小牧近江・平林たい子らが寄稿した。アナーキズムやダダイズムの運動を推し進めた詩人の作品が掲載され、伊藤信吉は「騒然とした盛観であり、暴力的であり、変則的で、革命的であった」と評した。

群馬県からは萩原恭次郎の流れを汲む東宮七男（とうみやかずお）・梅津錦一が寄稿した。『MAVO』は萩原恭次郎の依託で、前橋市内の煥乎堂書店でも販売された。一九二〇年代の日本の文学・芸術に強烈な影響を与え、画期的な新しい時代をつくりだした雑誌『MAVO』を住谷磐根・萩原恭次郎・東宮七男・梅津錦一ら群馬県出身の画家や詩人が担ったことは、特筆すべきことである。

ところが、イワノフ・スミヤヴィッチ（住谷磐根）が、雑誌『MAVO』に積極的に関わったのは第三号あたりまでで、萩原恭次郎らの登場と交代するようにマヴォから遠ざかった。高見沢路直（田河水泡）も、大正十四（一九二五）年に日本美術学校を卒業し、抽象画ではいくら描いても売れないことから、新作落語を講談社に持ち込み、落語作家に転じた。

妻まさ子右と作品に囲まれる住谷磐根（住谷輝彦さん提供）

住谷磐根は同年大沼まさ子と結婚、二十三歳であった。翌年には父の援助で、池袋に新居（画室兼住宅）が完成。昭和二年には長男・朔が誕生した。「日本プロレタリア文芸聯盟」が創立され、村山知義らがそれに移行して、マヴォが解散となったため、前衛絵画を離れ印象派的な具象画を描くようになった。牧野虎雄に師事し、牧野の主宰する槐樹社に出品するようになった。しかし、昭和四年には一切の組織から離れ、画業独歩な生活を続けた。

住谷磐根が再び歴史の舞台に登場するのは、昭和十二（一九三七）年に日中戦争が勃発し、海軍従軍画家を志願してからであった。昭和四年から十二年までの八年間は、画家・住谷磐根にとって模索の時代であった。この時代の住谷は、よく「四更」の号を用いた。「四更」とは午前一時から三時頃までの時刻を指し、夜明け前を意味した。

具方の遺志継ぎ従軍画家に

前衛画から印象派的な具象画に戻りながら模索を続けていた住谷磐根は、従軍画家に活路を求めた。それは、偶然やって来た。

住谷の友人の画家に岩倉具方がいた。岩倉は明治四十一（一九〇八）年生まれで、住谷より六歳年少であった。父方の曽祖父が岩倉具視、母方の祖父が西郷従道という名家であった。母からは海軍大将になることを望まれていたが、東京府立第一中学校卒業後、太平洋画会に入り有島生馬に師事し、昭和五（一九三〇）年十二月からパリへ留学した。このとき、シベリア鉄道車内で東京音楽学校教授アウグスト・ユンケルの長女ベラ綾子と知り合い、のちに結婚した。兄・岩倉具栄は、D・H・ローレンスの研究者として名高い英文学者（法大教授）であった。

岩倉具方は、昭和十二年に日中戦争が始まると、海軍に従軍画家になることを志願して、上海に出かけた。報知新聞紙上に、戦地のありさまを描いて、その記事とともに載せていた。しかし、十月十四日夕刻に行われた上海市街戦は激烈を極め、岩倉は敵弾雨飛のなか絵筆を抱え戦況を観戦していたが、散弾が頭部に命中し戦死した。

この報に接すると、住谷磐根は岩倉具方の遺志を継ぎ、従軍画家として戦地へ行くことを海軍に申し出て許可を得た。住谷は岩倉が報知新聞紙上に戦地から画と文章を載せたように、上毛新聞紙上に画信を載せた。十一月二十八日の出発を前に住谷は、前日に上毛新聞社を表敬訪問し、「いよいよ上海へ逝（行）く事となりました。私の兄（三郎少尉）も細矢部隊付として北支の保定に行って居ます。そうして今度は私が上海へ行く事になったので、兄弟して御奉公が出来ると思うと嬉しくてたまりません」と抱負を語った。

　戦地から上毛新聞に寄せられた住谷の画信は、昭和十三年一月一日から十二日までが「江南画信」と題し十一回、二月十六日から三月十九日までが「続江南画信」と題して三十二回、それぞれ連載された。

従軍画家時代の住谷磐根が描いた蘇州城（今清水義紀さん寄贈、船の科学館所蔵）

　戦争画は①戦闘場面、兵士、戦闘機、軍艦、軍事式典、軍事施設、戦跡などを描いたもの（戦争を直接主題としたもの）②現地の風景・風俗、名勝旧跡などを描いたもの（間接的に戦争と関係するもの）に分類できる。

　画信は半数が戦争を直接題材とするものであったが、住谷は長江を航行して美しい風景が南画の「絵空事」でないこと、長谷川清司令官が歴史的遺物への戦禍を避けて軍務を遂行したことに深い感銘を受けた。

「従軍」が東洋画への転機に

画友・岩倉具方（ともかた）の遺志を継ぎ、海軍に志願して従軍画家となった住谷磐根は、昭和十三（一九三八）年帰国すると、その成果を翌十四年に全国で個展を開催して発表した。

まず、六月に大阪高島屋で、従軍俳人岡本圭岳と合同句画展を開催した。岡本と住谷は、住谷の兄・悦治が奉職した松山高等商業学校の同僚教授・賀川英夫（俳号・水家）の紹介で、昭和十二年から親しくなった。岡本は十三年十一月から陸海軍従軍俳人として、上海・杭州・蘇州・南京・漢口・武漢を回り、十五年には皇紀二千六百年記念として従軍句集『大江』を出版した。後年、岡本は住谷との句画展を「頗（すこぶ）る好評を博した」と述懐している。

大阪の次は、八月に福井市のだるまやデパートで従軍スケッチ個人展を開いた。そして芸術の秋となった十月には、桐生市のミスズ書房と前橋市の煥乎堂で、それぞれ個人展を開いた。

では、住谷と岡本圭岳はどのような作品を発表したのであろうか。展示目録などは残っていないが、住谷は中国の風物や名勝旧跡などを描いた水彩画で、岡本の作品も中国の風物を詠んだものがほとんどであった。岡本の句作には、次のような句を二十七句集めた「本願寺別院」と題する厭戦（えんせん）的な一連の作品もあった。「租界なる　師走の遺骨　奉安所」「老母ひとり　子ひ

とりなりし　あはれ遺書」「奉安所　出でて天日　寒かりき」

住谷は、後年、「支那事変勃発、海軍従軍画家を志願、第三艦隊に属し、揚子江方面に六カ月。その間に民族意識高まり、東洋画に逐次転向」と述懐しているように、従軍画家は住谷の画家人生にとって特別なものとなった。住谷の七十年余に及ぶ画歴は、前衛画「マヴォ」時代（イワノフ・スミヤヴィッチ）↓印象派的具象画時代（住谷磐根）↓模索時代（住谷四更）↓従軍画家時代（住谷磐根）↓戦後の東洋画時代（住谷磐根）と変遷した。住谷が西洋志向から東洋志向への回帰するきっかけが従軍画家での体験であった。

磐根が従軍画家時代に描いた「マリアナ南下テニアン島通過」（船の科学館所蔵）

前衛画時代に描かれた『工場に於ける愛の日課』『唯物弁証法イワノフスミヤヴィッチ』の二点が国立近代美術館の、『作品』が東京都美術館の、それぞれ買い上げとなり収蔵されたことから、前衛画時代ばかりが注目されているが、前衛画から従軍画家体験を経て、東洋画へ変遷した画歴は、近代精神史としても考察に値するものである。

住谷の画業は、従軍画時代、東洋画時代を考察した上で、はじめて評価することができるのである。

献上画制作 2度目の戦地へ

住谷磐根は二期にわたって従軍画家を経験している。

第一期は、これまで述べてきた日中戦争勃発後の昭和十二（一九三七）年十二月から約六ヵ月間、上海・南京方面に従軍した。このときは、志願して海軍省に従軍画家として認められた。第二期は、太平洋戦争中の昭和十七年三月から約八カ月間、南太平洋諸島へ派遣された。これは、次の辞令が示すように、海軍省から「御府献上画（ぎょふ）」の制作を依頼されたものであった。

辞令

一、海軍奏任官嘱託ヲ命ズ
二、御府献上画揮毫（きごう）依頼ノコト
三、付海軍大佐相当待遇トス

昭和十七年二月二十五日

海軍大臣　　嶋田繁太郎　　印

画家　住谷磐根　殿

同年三月に出発しラバウルへ三十日、ウエーキ島に百五十日滞在し、十月に帰国した。住谷は献上画制作のため海軍省内の一室の使用を許可された。しかし、昭和十九年の東京空襲に遭って献上画は焼失し、完成を見ることはなかった。

平成七（一九九五）年『芸術新潮』が八月号で「戦後五十年記念大特集・カンヴァズが証す画家たちの戦争」を企画し、長くタブー視されてきた戦争画が一部公開された。その中に住谷が描いた『翼下の休日（ウエーキ島にて）』（昭和十七年、油彩、カンヴァス、83・0×95・5㌢）が紹介され、住谷の太平洋戦争期の従軍画の一端を知ることができるようになった。掲載された従軍画は、焼け付く日差しを避けて、木陰ならぬ翼下に憩う飛行兵が描かれている。

磐根の「翼下の休日」（船の科学館所蔵）

住谷は社交的で交友関係が広かったため、昭和四十（一九六五）年、海軍従軍美術家記録作品永久保存のための世話人に推薦された。四十三年八月、日本橋三越で「元海軍従軍画家記録作品展」が開かれ、住谷は十一点を出品した。同展で住谷は高松宮夫妻に作画の説明とレセプションで司会と御礼のあいさつを行った。この時の「元海軍従軍画家記録作品」は住谷が中心となって、日本船舶振興財団が運営する「船の科学館」に一括して寄贈された。平成二十五年、同館の所蔵する従軍画は大和ミュージアム（広島県呉市）とフェルケール博物館（静岡県）で、それぞれ企画展が開かれ、注目を浴びた。

「対馬の海」に見る律儀な人柄

昭和三十八(一九六三)年、住谷磐根が六十一歳の時のことであった。住谷は元海軍大将であった長谷川清の傘寿(さんじゅ)の祝いに招かれた。

長谷川は住谷が日中戦争のときに海軍従軍画家を志願して、乗船した第三艦隊司令官であった。長谷川が歴史的遺物を戦渦に巻き込まないよう命じたことに感激して、親交を深めた。

長谷川は太平洋戦争中に台湾総督になった。総督府で人事課長として活躍していたのが、富士見村石井(前橋市)出身の羽鳥又男であった。羽鳥は学歴こそ小学校卒業であったが、敬虔(けいけん)なクリスチャンで公平で勤勉な人柄であったので、長谷川は羽鳥を昭和十七(一九四二)年に台南市長に抜擢(ばってき)した。

台南市は日本で言えば京都に当たり、台湾の古都であった。台湾を象徴する歴史的建造物である「赤嵌楼(せっかんろう)」が老朽化して、その一部は倒壊しそうであった。台南市民は心を痛めていたが、植民支配されていたため当局に言い出すことが出来なかった。それを知った羽鳥市長は赤嵌楼を修理しようとしたが、戦時中であったので総督府の許可が下りなかった。そればかりか、羽鳥は台湾の日本人から非国民呼ばわりされた。しかし、その熱意が長谷川総督に届くと許可が下りた。台湾でも発露された長谷川の「国境を超えた美術保存の軍精神」が、羽鳥市長の善政の後ろ盾となり、羽鳥又男はいまでも台湾の人々から敬愛されている。

話を戻すと、傘寿の会に招かれた住谷は長谷川から三笠記念館（横須賀）の記念画として、対馬海峡の海の絵の制作を頼まれた。同海峡は日露戦争で東郷平八郎率いる連合艦隊が、ロシアのバルチック艦隊を撃破した戦場であった。住谷は六年後の昭和四十四（一九六九）年、「対馬の海」を制作するため、海上自衛隊の護衛艦に乗船したが、悪天候のため描くことが出来なかった。長谷川は翌年に亡くなり、歳月は流れたが、住谷は長谷川との約束を忘れていなかった。

「対馬の海」を描く最晩年の住谷磐根（住谷輝彦さん提供）

平成四（一九九二）年五月、住谷は「対馬の海」を制作するため、海上自衛隊の護衛艦に乗り込んだ。ときに九十歳であった。当時、住谷は東京都保谷市に住んでいたが、卒寿での大作の制作が市民の間でも評判になった。ところが、完成した作品を三笠記念館に納めたが、大作過ぎて展示場が確保できず、東郷平八郎を祀る東郷神社（東京・原宿）に奉納することになった。翌年二月、新装なった東郷神社和楽殿に展示し除幕式が行われた。

律儀に約束を果たすところに住谷の人柄が現れている。

村議当選を経て「東洋画」へ

住谷磐根は敗戦を郷里で迎えた。住谷の積極的な生き方は、戦後も変わらなかった。食糧増産のため農業に従事する傍ら、水墨画で群馬の山河を写生することから画業をスタートさせた。驚くことに、昭和二十二（一九四七）年四月三十日、戦後最初の統一地方選挙が行われると、国府村の村議会議員選挙に立候補し当選した。住谷四十五歳であった。同選挙は定数十六人で当選者の最年少が三十六歳、最年長が五十八歳で、平均年齢が四十九歳であったから、住谷はまさに若手議員で、その活躍が期待された。

当時は選挙法で、教職員などの兼業が認められ、戦後初の地方政治には文化人の進出が見られた。宮城村議会議員には群馬大学助教授の高井浩が、吉井町議会議員には群馬県初の女性校長である角田てるが、前橋市議会議員には桃井小学校教諭の荒木さだが、それぞれ当選した。

敗戦後の日本は、戦争の反省から平和国家・文化国家・民主国家の建設を目指した。公職追放で戦前に政治経験があった多くの政治家が選挙資格を失い、戦後政治の場に立てなかったという事情もあるが、住谷はじめ多くの文化人が地方議会に進出し、文化国家日本の建設に立ち上がった。

磐根が米国向けに書いた墨絵の教本（住谷輝彦さん提供）

住谷磐根が農協に贈った作品「りんご」＝高崎市のＪＡはぐくみ国府支店

残念ながらその後、選挙法が改正され教職員などの兼業が認められなくなり、地方議会から文化人は消えていった。現在、地方の選挙は、地方の衰退が進み大きな岐路に立たされているのにもかかわらず、政治的な関心が薄く、首長選挙も議員選挙も投票率が低い。敗戦直後にならい、教職員などの兼業を認め、大学教授をはじめとする文化人は地方から救国を志すべきではないかと思う。

住谷は村議会議員の任期満了を以て再び上京した。戦後の住谷は京都・奈良の古寺、古美術、仏像などを写生したり、茶の湯の茶碗に魅せられ各地を探訪したりした。戦後改革の一環で農業会が農業協同組合にかわると、住谷は上京を記念して油彩『りんご』を国府村農業協同組合に献額した。住谷は画仙紙に表現する独自の画法を確立し「東洋画」と称し、昭和二十六（一九五一）年、『墨画の手引き』一万部を美術出版社からアメリカ向けに出版、同三十一年から個展を始めた。

住谷は昭和十二（一九三七）年から俳人・岡本圭岳に師事したが、岡本は住谷の東洋画を「画仙紙に於ける墨色のにじみに、奥行きと余韻といった俳句に通ずるものを感じる」と評した。

都市文化の貴重な記録画

戦後の住谷は「東洋画家・大調和会日本画部委員」の肩書を使うことが多かった。大調和会は昭和二(一九二七)年に、発表の場を失っていた岸田劉生を再び画壇に登場させたいという、作家・武者小路実篤の願いによって創立された。しかし、翌年に岸田が亡くなってしまったため会は解散となった。

昭和三十七(一九六二)年、武者小路を会長に大調和会が再建され、復活第一回展が東京都美術館で開催された。大調和会は、抽象画全盛の当時、具象画を旗印とした。抽象画家として画業をスタートさせた住谷の戦後の活動は、具象を旗印とする大調和会が中心となった。

個展は東京では丸善画廊や日本橋三越、大阪では阪急百貨店がおもな会場であった。群馬県では昭和四十三(一九六八)年に高崎市のオザワ画廊で「画家・俳人句画会」、二年後に前橋市の前三百貨店で「離郷五十年展住谷磐根東洋画展」を開催した。

こうした中で、筆者が注目するのが、前三百貨店で開かれた「第一回群馬百景展と茶碗(ちゃわん)画展」(昭和五十三年、七十六歳)、「第二回群馬百景展」(五十四年、七十七歳)、「第三回群馬百景展」(六十年、八十三歳)の一連の「群馬百景展」に出品した風景画である。

住谷磐根が母校・勢多農林高に寄贈した「早春の赤城山」（前橋市の勢多農林高所蔵）

戦後は具象画を多く描いた磐根（住谷輝彦さん提供）

昭和三十九年、群馬県では地元資本で、高崎市に「藤五」（地上五階、地下一階）、前橋市には「前三」（地上六階、地下一階）の二つの本格的な百貨店が誕生した。

百貨店（デパート）は近代大衆文化を牽引してきた。屋上展望台・遊園地、大食堂、美術館、博覧会、音楽隊も百貨店から始まり、都市文化を創造してきた。大都市で花開いた百貨店文化が、戦後の高度成長期に地方都市に伝播した。前三と藤五百貨店は群馬県の百貨店文化の始まりであった。前三百貨店があったのは現在の前橋テルサのところで、当時は県内最大、最も高いビル、五階には催事場があり高度成長期群馬の文化拠点となった。住谷の群馬百景展はそうした文化活動の一つとなった。

また、高度成長期は生活様式が変化し、開発により景色も一変した。住谷の描いた群馬の風景は貴重な記録画という価値を持っている。

前三百貨店は昭和五十四年から三越と業務提携したが、中心市街地の衰退とともに経営が悪化し、同六十年に閉店した。

第8章

大正天皇と群馬県

聡明で自由愛するお人柄

平成二十三（二〇一一）年は大正百年にあたる。大正時代は「大正デモクラシー」といわれるように、大衆（民衆）が主役の時代であったが、やはり、君主たる大正天皇の時代であったと思う。けれども、大正天皇というと、帝国議会で詔書を丸め望遠鏡のようにして周囲を見たという話とともに、マイナス的なイメージが流布し、明治・昭和両天皇に挟まれて存在感が薄い。昭和四十三（一九六八）年に迎えた明治百年は佐藤栄作内閣が国家的記念行事を組むとともに、各自治体でも祝賀行事が行われたが、今年、大正百年の記念行事がほとんど行われていないのも、大正天皇に対するマイナスイメージが影響しているのかもしれない。

学術分野でも、明治・昭和両天皇に比べ、大正天皇に関する研究はほとんどなかった。しかし、原武史『大正天皇』（朝日選書、二〇〇〇年）が発行されて以来、古川隆久『大正天皇』（吉川弘文館、二〇〇七年）、フレドリック・ディキンソン『大正天皇　一躍五大洲を雄飛す』（ミネルヴァ書房、二〇〇九年）と研究成果が発表され、これまでのマイナス的なイメージを払拭（ふっしょく）した、聡明（そうめい）で自由を愛する大正天皇像が明らかになった。

大正天皇像の再検討の題材となったのが、皇太子時代に行われた全国巡啓であった。巡啓は有栖川宮威仁（たけひと）親王の発案で、健康維持と教育の一環として始まった。特徴的なのは、大がかり

浅間山や利根川の眺望をめでた大正天皇の漢詩が残る臨江閣本館＝前橋市

な奏送迎不要で日程が容易に変更され、皇太子は自由奔放に振る舞い、興に乗れば漢詩を創作した。大正天皇は三島中洲の指導を受け、生涯に創作した漢詩は千三百六十七首もあり、歴代天皇の中でもずば抜けている。明治四十一年の本県への行啓でも「登臨江閣」（臨江閣ニ登ル）と題して、次の漢詩を残した。

「天晴気暖似春和／高閣倚欄吟興多／白雪皚皚浅間嶽／碧流滾滾利根河」（天晴レ気暖ニシテ春和ニ似タリ／高閣欄ニ倚リテ吟興多シ／白雪皚皚タリ浅間嶽／碧流滾滾タリ利根河）

明治三十五年五～六月の巡啓は皇太子にとって三回目の全国巡啓で、信越・北関東・東北方面を回る予定であったが、東北地方ではしかが流行したため、前橋市の臨江閣を宿泊地として、県内各地を視察した。自由闊達で会話の端々に判断力と知性のあることを物語っている。大正百年にあたり、皇太子時代の群馬県での美談・エピソード・ハプニングを通して、自由を愛された大正天皇のお人柄を紹介したい。

高崎中視察の際に美談

大正天皇は皇太子時代に、①明治二十五（一八九二）年②同三十五（一九〇二）年③同四十一（一九〇八）年と、群馬県へ行啓された。①は太田金山への松茸狩り、③は近衛師団機動演習視察のためで、有栖川宮威仁親王が発案した自由な巡啓は②だけであった。

②は明治三十五年五～六月「東北地方御旅行（東北巡啓）」として公表された。皇太子にとっては五十六泊の強行軍であった。予定では、まず高崎市で視察・宿泊し、長野・新潟両県内を経て、再び群馬県へ戻り、東北各県を回るものであった。

ところが、東北地方ではしかが流行したため、群馬県から茨城県内を巡遊した「信越北関東巡啓」となった。

皇太子一行は五月二十日八時四十分上野駅を出発し、午後零時五分に高崎駅に到着した。駅には鈴木定直群馬県知事、関清英長野県知事らが出迎え、駅前には矢島八郎高崎市長らと中・小学生らが整列した。

高崎市では、市民が歓迎して奉迎の準備を予定したが、「御質素との内意」から国旗を掲げるだけとした。沿道は市中近在近郷からの拝観者で大賑わいであった。

宿泊所となった中島伊平邸（寄合町）で休憩後に、県立高崎中学校（高崎高校）を視察した。

同校は当時、並榎町にあった。まず、運動場で四・五年生の兵式体操を見学し、三年一組の教室から英語の授業などを通覧した。

このとき、美談が生まれた。校長・池田夏苗（なつなえ）の先導で教室に向かったが、皇太子は教室に入る際に「校長まず…」と会釈して、池田を先に入れた。この美挙は、教育家に対する思し召し（おぼしめし）「忝なき（かたじけなき）御謙徳」と、全国的な話題となった。

皇太子は高崎中学校での授業に満足したようであった。というのも、その後、新潟県立高田中学校を視察した際に、「英語の教授は不完全と思うがいかがか」と問いただし、知事が「洋人を雇い置きますれば…」と答えると、すかさず「それならば雇えばよいではないかい」と申し伝えているからである。

県立高崎中学校では大正七年に皇太子行啓日の五月二十日を開校記念日に定めた。

大正天皇の視察に立ち会った池田夏苗（高崎高校所蔵）

皇太子は眺望の良い高い場所を好まれた。この日も高崎中学校から見えた乗附山の天然園へ向かった。同園は柴田量平の所有で、高崎市内が一望できた。園内の東屋（あずまや）で休憩。柴田量平から「松露（きのこ）数十顆（か）」を見せられ下山した。

その後、有栖川宮の宿所・須藤清七別邸で小休憩し、中島伊平邸に入った。須藤別邸は、有栖川宮により「暢神（ちょうじん）」と命名された（現在の暢神荘）。

巡遊中、鋭い質問を連発

五月二十日中島伊平邸（高崎市寄合町）に宿泊した皇太子は、翌二十一日高崎駅に向かった。このとき、ハプニングが起こった。海老名要吉（群馬県生まれ、弘前在住）が足尾鉱毒問題で直訴した。その動機などは、よく分かっていない。

皇太子は予定通り午前十時五十三分官設鉄道直江津線（信越線）に乗り込み、正午に横川駅に到着し車中で昼食をとった。アプト式鉄道について興味を示し、横川駅でプラットホームに降りて平井運輸課長を呼んで説明を受けた。さらに、汽車が熊ノ平駅に到着すると、もう一度、同課長を招き説明を求めた。以後、五月二十九日まで長野県では善光寺や師範学校、川中島古戦場などを、新潟県では歩兵第三十連隊や師範学校、高等女学校、日本石油株式会社、岩の原ブドウ園などを視察し、五月三十日ふたたび群馬県へ戻られ、宿所となった臨江閣に入った。

皇太子巡遊中、その質問が頻繁で鋭く細部にわたったため、新潟県知事は耳が遠いことを理由に質問をかわし、群馬県知事は着任早々で県内の事情に通じず、背に汗して質問に答えた。また、茨城県知事は心ひそかに「御下問の少なからんことを祈り」、質問の時間が出来（でき）ないようにに視察を急がせた。高崎市内で案内役を務めた今村真橘群馬郡長も着任まもなくで、市内の方角さえろくに分からず、部下に名所を調べさせ、名刺の裏にメモを取り、ポケットにしのばせた。今村郡長は質問があると、このカンニングペーパーを見ては答えていたが、それが皇太子の目にとまり、皇太子はちゃめっ気から「其れ呉れよ」と取り上げてしまった。このハプニングも、今村郡長は「暗夜に灯火を失せる」心地であったと、大きく新聞に報じられた。

巡遊中に皇太子の質問を傍らで聞いていた東宮大夫・齋藤桃太郎は「コハ知事の御試験なり。この御試験には内閣総理大臣もまた及第六ヶし（難し）からん」と笑いながら申し出たり、時には有栖川宮が知事に代わって質問に答えたり、助け船を出した。

高崎市内では当初、歩兵第十五連隊（兵営）を視察する予定であったが、連隊に腸チフスが発生し見合わせとなり、県立高崎中学校と天然園に変更となった。巡啓ではしばしば予定変更が行われた。昭和四（一九二九）年に県の公文書をもとにしてつくられた『群馬県史』の行啓記録でも、「五月三十一日　未詳」「六月一日未詳」と記すほど、皇太子の巡啓は自由度の高いものであった。

明治30年ごろの熊ノ平駅（上、鉄道文化むら提供）と現在の駅跡

皇太子が耕地整理を視察

五月三十日、皇太子が長野県から前橋市に入った時は雨天であった。雨にもかかわらず、前橋駅から臨江閣までの沿道は拝観者でいっぱいであった。すると皇太子も、人力車のホロを除け顔が見えるようにして、傘を差し雨に濡（ぬ）れながらも、人びとの歓迎に応えた。

翌三十一日も雨天であったが、午前十時に臨江閣を出発し群馬県師範学校へ向かった。矢島錦蔵校長の案内で本科一年の英語、二年の漢文、三年の国語、四年の漢学、簡易科一年の数学、二年の理科の授業を通覧し、生徒寄宿舎へ行き、寝室・自修室を見学した。次いで付属小学校の各教室を通覧し、師範学校講堂へ戻り、矢島校長に生徒の学力・健康・入学年齢などを質問した。午後十一時五十分に臨江閣に帰還し昼食をとった。

午後は、前橋市の有志が献上した鯉（こい）・緋鯉（ひごい）・アユ・マスなどを臨江閣園内の池に放流し、魚が元気に飛び跳ねる様子を見て、網ですくって遊んだ。午後二時三十分に出発し有栖川宮の宿所である高久（たかく）邸に行き、宮と一時間余り歓談した。

翌六月一日は休憩日であった。しかし、天気晴朗となったため、皇太子の希望で、午後二時に臨江閣を出発し、勢多郡南橘村大字上細井地区（前橋市上細井町）の耕地整理を視察した。丘の上にあった長谷川敬七村長の別邸から耕地整理の実況を見聞。鈴木知事が耕地整理前後の地図を開いて説明し、皇太子は耕地整理の方法を質問した。午後三時十五分同所を出発し、わざわざ耕地整理の田んぼ道を歩いて細井尋常高等小学校まで行き、そこから人力車に乗り、午後四時に臨江閣に帰った。

上細井地区の耕地整理は、同地区の金子角次郎が農事改良は土地改良からと、明治三十三年に耕地整理法が施行されると、長谷川村長ら土地所有者七十四人の協力を得て開始した。翌年十一月までに総面積十八町歩、皇太子行啓のあった同三十五年には四町歩の工事を完了した。その結果、粗悪な湿田が見事な水田となり、一帯が二毛作地になった。

皇太子行啓で評判となり、県内各地から視察者が相次ぎ、上細井の耕地整理をモデルに県内では耕地整理が行われるようになった。

道路脇にひっそりと立つ上細井耕地整理碑＝前橋市

長谷川村長ら関係者は皇太子行啓を喜び、明治三十六年六月に「上細井耕地整理碑」を建てた。

碑の撰文は安川繁成、書は金井之恭で、皇太子が耕地整理を見渡したように長谷川別邸内に建てられたが、平成二（一九九〇）年に市立前橋高校裏の道路わきにある史蹟「鳶石」の左隣に移設された。

皇太子、桐生では織物見学

六月二日、皇太子は午前九時に臨江閣を出発、前橋駅から高崎駅に向かい、同五十五分発の上野鉄道（上信電鉄）のお召し列車で三井富岡製糸所の視察に出かけた。官営富岡製糸所（場）は払い下げられ、三井家が経営していた。

三井呉服店主人・三井源右衛門、同理事・高橋義雄、同製糸所長・津田興二らの案内で工場内を視察。第一工場は熱湯を入れた釜が三百八十七ほど並び、藍色筒袖の仕事着姿の工女が、二列に相対して一心不乱に糸を繰っていた。皇太子が足を踏み入れると、全工女が一斉に最敬礼をして仕事を中止した。すると皇太子はすぐに仕事に戻るよう指示した。そして、津田所長に工女・工男の数、ケンネル式繰糸機械の効用・方法、煮繭湯の温度などについて質問し、作業中の工女の間を通り「夏は暑くて困るであろう」と言葉をかけた。

午後二時富岡駅発の臨時列車に乗り、同三時五十分に前橋駅に到着し臨江閣に帰還した。沿道各村は養蚕の最盛期で忙しく奉迎拝観者は少なかったが、各戸ごとに国旗を掲揚した。これも皇太子巡啓が「各地で平常の有様（ありさま）」を「御見学」することが目的で、その通達が徹底していたからであった。

六月三日は、午前九時三十分に臨江閣を出発。同五十五分前橋駅発の両毛線に乗り十時四十分に桐生駅に着いた。森重毅山田郡長、甲斐信夫桐生町長らの出迎えを得て、鈴木知事の先導で県立桐生織物学校へ向かった。同校では井岡大造校長の案内で理化器械室（休憩室）に入り卒業生や在校生の製作した織物を見学し、校長に図案製作方法を質問した。

普通教室で織物分解法の授業を視察。意匠図案科室に入り、生徒がバラ・金盞花（きんせんか）・杜若（かきつばた）などの草花を写生しているのを見学。国内外の織物標本、機織り道具などが陳列してある一室を見て、染物・機業の実習科室で各実習を視察した。

移築されて残る旧森山芳平工場＝桐生市

同校を出て森山芳平の織物工場を見学。森山工場を出たあと、桐生町民が用意した丸山の休憩所（新居小八郎別荘）で昼食をとり眼下を一望した。午後一時半に下山し、桐生西尋常小学校内に設けた織物陳列館を見学し、藤生（ふじう）佐吉郎が製作したテーブル掛けなどを買い上げ、桐生駅午後二時十分発の汽車で帰還した。

県立桐生織物学校では生徒の作品を「是は貰（もら）って行く」と採用になり、桐生西尋常小学校では校舎が新築されたばかりであったため、休憩所と織物陳列館に充てられたことが分かると、記念の植樹を命じ、自ら松三本を植えた。

皇太子行啓を熱烈歓迎

皇太子巡啓の見学地はあらかじめ決められていなかった。群馬県入りをした五月三十日も、富岡製糸所か伊勢崎町（市）、あるいは根小屋から多胡碑まで「御成り」と噂が流れたが、見合わせになり、皇太子は高崎市内で一泊したあと長野県へ向かった。

伊香保温泉では行啓の噂が流れると、有力者が「御内意を伺い出」たが、日取りの都合で見合わせるという返事をもらった。ところが、東北行きが中止になったこともあり、六月三日夜に皇太子が伊香保行きを希望し、翌四日の行啓となった。

伊香保町では、町民歓喜して夜中に道路修繕を行い、町長・木暮金太夫、木暮八郎が案内係、木暮武太夫、岸権三郎、大島甚右衛門が総務係となって奉迎の準備を整えた。当時、木暮八郎家は御用邸の管理を任されていたが、同邸が修繕中であったため立ち寄らなかった。

六月四日は細ケ沢停車場から上毛馬車鉄道に乗り渋川町（市）。同町から人力車で伊香保温泉に向かった。途中、御蔭の松で休憩。御蔭の松から小町橋まで徒歩、再び人力車に乗り伊香保温泉に到着した。岩崎久弥男爵別荘で昼食を取り、洋食店橋本屋に並べてあった伊香保名産の挽物細工・化石細工・藁細工などを取り寄せ、十数点を買い上げた。

岩崎別荘を出発し温泉湯元を見学、町内を回り午後三時に帰途につき、同五時三十分臨江閣に帰った。有栖川宮は木暮武太夫旅館を定宿とし、すでに七回も伊香保に来ていたので地理に明るく、先導の警官が心得ない裏道を突然通過して岩崎邸に入った。後方の宮が姿を消したことに警官は肝を冷やしたが、有栖川宮もちゃめっ気たっぷりの人物であった。翌五日皇太子一行は前橋市を発ち水戸市へ向かった。

皇太子の群馬県滞在は、東北地方ではしかが流行したため、予定を超えて長期となった。皇太子は県民に気さくに話しかけ、さまざまなエピソードが生まれた。県民は自発的に皇太子を熱烈に歓迎した。前橋市内で雨に濡れながらも、人びとの歓迎に応えた姿など、皇太子の実直な人柄をよく伝えている。

ところで、筆者は二〇〇三年に皇太子行啓のあとを調査し、記念に建てられた史蹟が荒れ果てているのに驚いた。明治天皇や昭和天皇のものが整然と保存されているのとは対照的であった。これも、通説となってしまったマイナス的な大正天皇のイメージの反映に違いないと思った。大正百年を迎えたいま、皇太子行啓史蹟を整備したいと願っているが、良い手立てがないものだろうか。

大正天皇が滞在した臨江閣の庭園は、せせらぎがまぶしい＝前橋市

あとがき

平成二十三（２０１１）年一月から東京新聞群馬版で、手島仁の「群馬学」講座を連載して、四年目が終わろうとしています。毎週月曜日の連載回数も、一七〇回を超えました。そのうちから一〇〇話を収めたのが、本書です。

「群馬学」を提唱し、連載を書き続けている理由は、本書の「群馬学の祖・萩原進」（一二二頁）で書いたとおりで、萩原先生の遺志を継いでという思いです。群馬県史編纂室事務局に勤務してから、本格的に群馬県を対象とした歴史研究に取り組んでいます。本書も、『群馬県史研究』『群馬文化』『群馬県立歴史博物館紀要』などに発表した論文がもとになっています。

連載を重ねるうちに、多くの方からまとめて一冊にするようお声をかけていただきました。このたび、本書を東京新聞社のご理解のもと、上毛新聞社から出版させていただくことになりました。両社に対して厚く御礼を申し上げます。

本書の刊行を喜んでくださるお一人に柳井久雄先生がいらっしゃいます。柳井先生には、県史編纂室に勤務してから今日に至るまで、ご指導いただいています。私が連載を開始したころから、先生は闘病生活を余儀なくされておられます。しばしばお見舞いにうかがい、ご迷惑をおかけしてはいけないと思い、当時の東京新聞社前橋支局長であった若松篤氏にお願いして、掲載紙を先生に送っていただくことにしました。支局長が古賀健一郎氏に代わられても、引き続き送っていただいています。

そうしたところ、先生から古賀支局長のところに次のお礼状が届きました。

東京新聞連載の「手島仁の『群馬学』講座」を読ませて頂いております。

これは、群馬県民と学問を結び付けるもので有意義なものです。改めて、手島先生、これを企画された東京新聞に感謝の意を表します。

私は、各地に学問の気風をみなぎらせることが大事だと思っています。

昔、アメリカでは、奴隷に学問を教えることは罪になる法律があったそうです。奴隷は無知であれば、鎖に繋がれムチで叩かれても不思議には思いませんでした。しかし、フランス革命の啓蒙思想家ルソーなどの学問を学んだ結果、奴隷は自らの鎖を断ち切りました。

「学問は力なり」です。

国立国会図書館には、「真理はわれらを自由にする」と大きく刻まれていますが、これは、桐生出身の羽仁五郎参議院議員の発意によるものでした。

人間を幸せにするのは学問も大切な一つだと思います。この連載を通して県民が学問を進め、日々の生活や仕事に生かしていくことが、時間はかかるでしょうが、県民の文化の発展と幸せへの道だと考えます。

これからもご活躍をお祈り致します。

平成二十五年十一月十二日　　　　柳井　久雄

人口減少社会を迎え、地域はますます厳しい時代を迎えます。群馬学を初めとする地域学は、「学問は力なり」にならなければならないと思います。

最後に、本書の編集にあたり御世話になりました上毛新聞社出版部の富澤隆夫氏に厚く御礼を申し上げます。

平成二十六年十二月十四日　　　　手島　仁

〈著者略歴〉

手島　仁（てしま・ひとし）

1959（昭和34）年、前橋市生まれ。立命館大学文学部史学科日本史学専攻卒業。県立高校、群馬県史編纂室、県立歴史博物館を経て、現在は前橋市へ出向（文化スポーツ観光部文化国際課副参事兼歴史文化遺産活用室長）。群馬県立女子大学・前橋工科大学非常勤講師。群馬県をはじめ県内の自治体史の編纂に携わる。
主な著書に『群馬学とは』『総選挙でみる群馬の近代史』『中島知久平と国政研究会』など。

手島仁の「群馬学」講座　―人物100話―

2015年2月6日　初版発行

著者　手島　仁
発行　上毛新聞社事業局出版部
〒371-8666　群馬県前橋市古市町1-50-21
TEL　027-254-9966　FAX　027-254-9906

ISBN978-4-86352-120-9